Margaret Cullen
Gonzalo Brito Pons

W0010437

MINDFULNESS
y equilibrio emocional

EDITORIAL
SIRIO

Si este libro le ha interesado y desea que lo mantengamos
informado de nuestras publicaciones, puede escribirnos a
comunicacion@editorialsirio.com,
o bien suscribirse a nuestro boletín de novedades en:
www.editorialsirio.com

Título original: THE MINDFULNESS-BASED EMOTIONAL BALANCE WORKBOOK
Traducido del inglés por Roc Filella Escolá
Diseño de portada: Editorial Sirio, S.A.

©   de la edición original
2015 Margaret Cullen y Gonzalo Brito Pons
New Harbinger Publications, Inc.
5674 Shattuck Avenue
Oakland, CA 94609
www.newharbinger.com

©   de la presente edición
EDITORIAL SIRIO, S.A.

EDITORIAL SIRIO, S.A.	NIRVANA LIBROS S.A. DE C.V.	DISTRIBUCIONES DEL FUTURO
C/ Rosa de los Vientos, 64	Camino a Minas, 501	Paseo Colón 221, piso 6
Pol. Ind. El Viso	Bodega nº 8,	C1063ACC
29006-Málaga	Col. Lomas de Becerra	Buenos Aires
España	Del.: Alvaro Obregón	(Argentina)
	México D.F., 01280	

www.editorialsirio.com
sirio@editorialsirio.com

I.S.B.N.: 978-84-16579-77-8
Depósito Legal: MA-1005-2016

Impreso en Imagraf Impresores, S. A.
c/ Nabucco, 14 D - Pol. Alameda
29006 - Málaga

Impreso en España

Puedes seguirnos en Facebook, Twitter, YouTube e Instagram.

A Sofi y Michael
—M. C.

A mis padres, Any e Iván
—G. B. P.

Prefacio

l abordar el tema de cómo cultivar un mayor equilibrio emocional a través de este sabio y cautivador libro de prácticas, conviene tener siempre presente algo de lo que es muy fácil olvidarse. El estado que llamamos de «equilibrio» nunca es estático. Se trata de un proceso dinámico. Tomemos como ejemplo la posición erguida de nuestro cuerpo. Si nos fijamos atentamente en lo que hacen los músculos y en las sensaciones que la postura genera, estar «quieto» de pie en realidad implica *perder* de forma continua el equilibrio y, de un modo u otro y sorprendentemente, recuperarlo una y otra vez. Lo mismo ocurre al andar o al correr. Basta con observar cómo se mueve un niño pequeño: pierde el equilibrio, lo recupera; lo pierde, lo recupera, y aprende... aprende y no deja de aprender mientras se entrega a la interminable aventura del descubrimiento, prácticamente momento a momento.

De mayores, también podemos vivir más equilibrados y, por consiguiente, cultivar una vida más satisfactoria y efectiva si estamos dispuestos a prestar atención a esos momentos y aprender de ellos cuando inevitablemente perdemos el equilibrio, como a todos nos ocurre de vez en cuando, e incluso en esos casos en que literal o metafóricamente nos caemos. De esto trata precisamente este libro: de cultivar la condición dinámica del *equilibrio* emocional. Y podríamos decir que de esto trata también el currículo de la propia vida: de nuestra disposición a aceptar las experiencias y aprender de ellas, de todas ellas, y así crecer y crecer cada vez más hacia la plenitud como seres humanos, del mismo modo que nos sucede de forma mágica cuando somos pequeños y aprendemos a ponernos de pie, caminar e ir de un lado a otro y a caernos y levantarnos, una y otra vez si es necesario. Todo ello forma parte de lo que los autores denominan *el milagro de mindfulness*, la conciencia plena.

El carácter chino que representa esta conciencia es el ideograma que corresponde a *ahora* o *presencia*, superpuesto al ideograma de *corazón*. Me encanta. En la lengua china y en otras muchas asiáticas se emplea la misma palabra para referirse a «mente» y a «corazón». De modo que si al oír *mindfulness* («mente plena») no se oye ni se siente también «corazón pleno», no se capta del todo el espíritu, el significado ni la invitación de *mindfulness* como forma de vida. Me parece revelador e ilustrativo que la palabra china para «ira» también contenga el ideograma de «corazón». Pero, en lugar de tener superpuesto el ideograma de «ahora», tiene el de «esclavo». Muy significativo, ¿no? En mi opinión, esto sugiere que cuando somos presa de un sentimiento como el de ira, es muy fácil que caigamos en la esclavitud. La emoción de la ira no tiene en sí nada malo si mantenemos una relación sabia con ella cuando surge. Cada una de nuestras emociones evolucionaron para ayudarnos a sobrevivir. Sin embargo, cuando estamos tan condicionados por la ira, la ansiedad o la tristeza que, como solemos decir, «perdemos la cabeza» o la mente —y, con ella, el contacto con lo que podría ser una forma más saludable y más emocionalmente inteligente de relacionarnos con lo que nos ocurre—, somos auténticos prisioneros de ese momento, estamos esclavizados.

Podemos perder la mente en un determinado momento, pero también la podemos recuperar en el momento siguiente, como nos ocurre con el equilibrio. Esta es una excelente noticia –y, realmente, una puerta de acceso al permanente proceso de aprendizaje, crecimiento, curación y transformación a lo largo de toda la vida–: que cada momento sea un nuevo comienzo, *si* estamos dispuestos a abrirnos a él como una oportunidad nueva e intacta. Y este es precisamente el currículo por el cual nos guía este libro, con tanta buena voluntad, cuidado y cariño, tanta promesa y tanto respeto por tu historia, experiencia y aspiraciones como lector que puedes sentir cómo de sus páginas emana este abrazo, cuando a él te entregas.

En última instancia, *mindfulness* es una cuestión de *cómo nos relacionamos* con toda la diversidad de nuestra experiencia, una relación tanto hacia dentro como hacia fuera. De modo que cuando cultivamos *mindfulness* en nuestra vida, ya sea a través de la práctica meditativa o a través de la práctica informal, dondequiera que nos encontremos y en el momento que sea, estamos cultivando la intimidad con nuestra propia mente, nuestro propio corazón y nuestra propia experiencia, al prestar atención a detalles que normalmente ignoraríamos. Esta intimidad es, en definitiva, intimidad con tu propio cuerpo, con tu propia mente, con tus propios pensamientos y emociones, con los demás y con las condiciones y los acontecimientos del amplio mundo y, por último, con las nuevas formas de ser que sean posibles en este preciso instante si sabemos estar despiertos y conscientes, o con la posibilidad de recuperarnos pronto cuando perdemos nuestro equilibrio emocional.

Es, por tanto, un gran programa; en realidad, es el programa de la propia vida mientras tengamos oportunidad de estar vivos. Esta realidad convierte el momento actual y nuestra disposición a relacionarnos con él en algo muy especial, precisamente dentro de su normalidad. ¿En qué podrías confiar mejor que en tu integridad y tu belleza más profundas, tu propia inteligencia emocional innata y la posibilidad de cultivarla como destreza, como una forma de ser y de estar en relación con lo que es y lo que pueda emerger?

Así pues, quizás podamos indagar y analizar con un poco más de profundidad *quién* pierde el equilibrio. ¿Quién tiene miedo? ¿Quién está airado? ¿Quién es consciente? ¿Y tu conciencia de la ira es una conciencia airada? Hace falta tener espíritu aventurero para investigar de esta forma y recuperar todas las dimensiones de tu ser. Y también se necesita confianza, en ti mismo y en quienes te ofrecen orientación. En este caso, con este libro de prácticas, estás en buenas manos.

Hace mucho tiempo que conozco a Margaret Cullen. Es experta profesora del Programa de reducción del estrés basado en *mindfulness*, pero a lo largo de los años también se ha lanzado con alegría y coraje a una amplia diversidad de formatos docentes, pedagogías y perspectivas, con el objetivo de incorporar a la ciencia de la emoción el currículo en permanente desarrollo de los enfoques basados en *mindfulness* para el cultivo de una mejor salud y bienestar, en el sentido más amplio, profundo y mejor encarnado de estos términos de los que con tanta frecuencia se abusa. Y esto significa desarrollar nuestra salud y nuestro bienestar ante los cambios y las adversidades a veces tan difíciles de la condición humana, ante lo que nos puede ocurrir, a nosotros y a quienes conocemos y amamos, eventos a menudo desgarradores y aterradores, a veces abrumadores y a veces simplemente desconcertantes.

La propia trayectoria de Margaret para conseguir esta síntesis no ha sido fácil, pero de lo que nos beneficiamos como lectores, y como personas que no se van a limitar a leer este libro, sino a entregarse a él como un libro de prácticas, es de su habilidad a la hora de integrar corrientes dispares de la ciencia emocional, la sabiduría y la práctica de la meditación *mindfulness* en un todo sin costuras. A ello se le suman el historial, las profundas ideas y las aportaciones de Gonzalo Brito Pons, coautor y colaborador de Margaret, y el resultado es una puerta de acceso a lo mejor y más profundo, lo más fuerte y lo más sabio de ti mismo, aunque al principio no lo vayas a creer. Es la promesa y, a la vez, el desafío de la auténtica práctica de *mindfulness*: ve paso a paso, capítulo a capítulo, momento a momento, y observa qué ocurre. Tu vida es el laboratorio. ¿Por qué *no* experimentar con el descubrimiento y el fortalecimiento de tu capacidad natural para el equilibrio emocional y, con ello, la profunda satisfacción, la dulzura y la ecuanimidad que acompañan a su expresión encarnada en el único momento que tienes: este?

Podemos decir que al principio daremos «pasos de bebé», pero quizás seamos capaces de anticipar lo que pueda ocurrir cuando aprovechemos esta oportunidad con la misma determinación y el mismo abandono que de forma natural poníamos cuando íbamos de un lado a otro mientras aprendíamos a mantenernos de pie, a andar y correr. Tú, nosotros, todos somos ya maestros en cierto tipo de equilibrio. Dejemos que este genio innato nuestro se extienda a cómo vivimos la vida y navegamos nuestras emociones, con la esmerada orientación, sabiduría y ayuda de Margaret y Gonzalo.

JON KABAT-ZINN,
Cape Cod, Massachusetts,
28 de diciembre de 2014

Agradecimientos

Cada libro es un proyecto interdependiente que requiere la ayuda de muchos cerebros, corazones y manos. Estamos profundamente agradecidos por la ayuda y la motivación que nos aportaron muchas personas mientras escribíamos este libro. No podemos dar las gracias en este espacio a todos los que han contribuido a él, pero las queremos dar de forma explícita al menos a algunos amigos, colegas y mentores.

Margaret está especialmente agradecida a:

Jon Kabat-Zinn, que, por sí mismo y por su orientación, ánimo, inspiración y generosidad incondicional, merece una mención aparte.

Mis profesores: Joseph Goldstein, Jack Kornfield, Sharon Salzberg, Mingyur Rinpoche, Tsoknyi Rinpoche, Pema Chödrön, Yvonne Rand, Shinzen Young, Saki Santorelli, Thupten Jinpa, su santidad el Dalái Lama, Marshall Rosenberg, Ralph Metzner, Paul Ekman, Georgina Lindsey y Sofi Cullen.

Mis colegas: Linda Wallace, Betsy Hedberg, Erika Rosenberg, Leah Weiss-Ekstrom, Monica Hanson, Kelly McGonigal, Alan Wallace, Amishi Jha, Amy Saltzman, Elana Rosenbaum, Margaret Kemeny y Robert Roeser. Gracias en especial a Margaret Stauffer por darme carta blanca para impartir programas contemplativos en la Cancer Support Community, y a Barbara Gates por poner en marcha mi carrera como escritora.

Mis benefactores: Ulco Visser, James R. Doty y Michael Cullen.

Mis hermanas del alma: Nancy Rothschild, Pia Stern, Carol Watson, Wendy Zerin, Liz Scott, Catherine Cheyette y Josephine Coatsworth.

Gonzalo está profundamente agradecido a:

Mis profesores: Thich Nhat Hanh, Tsoknyi Rinpoche, Dan Brown, Joe Loizzo, Robert Thurman, Matthieu Ricard, Alan Wallace, Jon Kabat-Zinn, Bob Stahl, Shaila Catherine, Kelly McGonigal y Rick Hanson.

Mis colegas y amigos: Catalina Segú, María Noel Anchorena, Santiago Nader, Claudio Araya, Bárbara Porter, Bruno Solari, Guilherme Zavaschi, Ricardo Pulido, Benjamín Zegers, Verónica Guzmán, Álvaro Langer, Fernando de Torrijos, Vicente Simón, María Teresa Miró, Jenny Wade, Scott Johnson, Linda Graham y Renée Burgard.

Queremos dar las gracias también a nuestros editores y al personal de apoyo de New Harbinger, por su amabilidad, su paciencia y su conocimiento. Y por último, pero con idéntico cariño, a nuestros alumnos y pacientes, que nos han mostrado la fuerza, la profundidad y la belleza del camino.

Introducción

E l libro que tienes en tus manos y el programa que contiene forman parte de una tradición de teorías y prácticas que, en las décadas más recientes, han provocado una revolución silenciosa en los campos de la medicina, la psicología y la educación. Parece que la cultura occidental, deslumbrada ante los avances de la ciencia y la tecnología materialistas, ha ignorado la idea fundamental que da impulso a esta revolución: la idea de que la conciencia está en la base de toda experiencia humana, y que las cualidades que cultivamos en la mente y el corazón influyen poderosamente en nuestro bienestar físico y psicológico.

En las brechas donde la medicina alopática y los modelos psicológicos mecanicistas han tenido menos éxito (del cáncer al estrés, del dolor crónico a la depresión recurrente, de la prevención sanitaria a la rehabilitación), han emergido nuevos paradigmas integrativos. Estos son enfoques que entienden la mente y el cuerpo como realidades interdependientes y conciben la salud como una síntesis de ciencia y arte. Algunos de sus ejemplos son las medicinas holística, mente y cuerpo e integrativa; las psicologías positiva, integral, sistémica y transpersonal, y el campo emergente de las intervenciones basadas en *mindfulness*. Común a todos estos enfoques es la idea de que el proceso de curación no es algo inducido por un agente externo; al contrario, surge de un proceso experiencial en el que el individuo aprende a aprovechar su propia capacidad de sanar y florecer como ser humano. En este contexto, se entiende a la persona como un ser mucho más libre y flexible de lo que se cree en los modelos deterministas. Esta capacidad de aprender nuevas formas de percibir, actuar, pensar y sentir no solo propicia una salud y una felicidad duraderas sino que, como bien demuestran los estudios actuales, puede incluso, mediante la educación experiencial, modificar nuestra fisiología (por ejemplo, la presión sanguínea, el ritmo cardíaco y la temperatura corporal) y neurología (los patrones de activación neuronal y hasta las estructuras cerebrales).

Los ejercicios que se presentan en este cuaderno están diseñados como una guía y complemento en tu proceso de aprendizaje experiencial hacia el equilibrio emocional, un proceso en el que irás aprovechando gradualmente tus propios recursos interiores para sanar y fortalecerte. Las prácticas de este libro se centran principalmente en la sanación emocional y en el establecimiento de nuevos patrones emocionales que fomenten el bienestar personal y relacional, pero es evidente que no es posible alcanzar la salud emocional sin ocuparse también de otras dimensiones importantes, como los pensamientos, las percepciones, los valores, las intenciones y los sentimientos. Por esta razón dedicamos cierto tiempo a reflexionar sobre cada uno de estos ámbitos y a trabajar en ellos, teniendo siempre presente el tema central del libro: el cultivo de un bienestar emocional sostenible.

A pesar de los asombrosos avances de la tecnología y de la complejidad de la vida moderna, a los seres humanos nos siguen acosando los mismos temas fundamentales de antaño: la búsqueda de significado, cómo lidiar con la pérdida y el duelo, cómo hallar formas de dar y recibir amor y cuidado o cómo trabajar con emociones difíciles como el miedo y la ira. En cierto sentido, la hiperactividad y el modo de vida acelerado actuales nos exponen aún más a nuestra vulnerabilidad emocional, y muchos nos sentimos actualmente sobrepasados por el agotamiento, la competitividad, la ansiedad, la inseguridad y la soledad.

El tema central que exploraremos en profundidad en este libro es la ancestral práctica de *mindfulness*, con especial atención a la prevención y la sanación del sufrimiento emocional. En este sentido, nuestro programa tiene su base en las intervenciones basadas en *mindfulness* y busca contribuir a este creciente campo. Al igual que otros programas basados en *mindfulness*, el nuestro se inspira en las artes tradicionales de sanación y la sabiduría contemplativa de la tradición budista. La mayor parte de lo que vamos a compartir lo hemos aprendido de primera mano, con nuestro propio estudio, reflexión y práctica. En este libro no vamos a presentar *mindfulness*, o la conciencia plena, como una simple herramienta cognitiva, como una técnica para modificar la conducta ni como un método para reducir el estrés. Aunque la conciencia plena ha demostrado ser efectiva en todos estos ámbitos, reducirla a esos efectos puede inducir a confusión, y además nos puede impedir el acceso a todo el potencial de su práctica. En cambio, mostraremos una perspectiva en la que *mindfulness* es un elemento importante de un camino mucho más amplio que finalmente puede conducir al despliegue del potencial humano más profundo para la felicidad, el amor y la sabiduría. La buena noticia es que incluso dando los primeros pasos en este camino ya se obtienen beneficios. De hecho, en las escrituras budistas tradicionales se dice que el camino de *mindfulness* es «bueno al principio, bueno en el medio y bueno al final» (*Kalama Sutta*).

Muchas culturas del mundo comparten la tradición, a veces olvidada, de honrar al invitado, al extranjero, y ofrecerle lo mejor de la despensa o la silla más cómoda de la casa. Con el mismo espíritu te ofrecemos este libro: por favor, toma lo mejor de lo que hemos aprendido, con nuestro deseo genuino de que pueda hacerte más cómodo el camino y más ligera tu carga. Lo que hallarás en las páginas siguientes es el entramado de los principios fundamentales de la práctica de *mindfulness* junto a una diversidad de ideas, experimentos meditativos y prácticas fuera del cojín que pueden ayudarte a transformar patrones emocionales difíciles y a menudo profundamente arraigados en un camino hacia el conocimiento y el bienestar. Como lector, eres nuestro invitado de honor, y te animamos a que entres, te pongas cómodo en estas páginas y te nutras de un programa que se ha ido afinando con la experiencia de muchos años.

CÓMO EVOLUCIONÓ ESTE PROGRAMA

En 2002, Margaret fue contratada como «entrenadora emocional» para un programa llamado «Cultivando el equilibrio emocional» (CEE). Este estudio fue la idea del mundialmente reconocido teórico de la emoción Paul Ekman, que lo desarrolló después de participar en un encuentro de «Mente y vida» sobre las emociones destructivas con su santidad el Dalái Lama y un grupo de eminentes estudiosos y profesionales (Daniel Goleman participó en dicho encuentro y recogió lo que en él se trató en el libro del mismo título, *Emociones destructivas*).

Al hablar de los diferentes enfoques del budismo y de la psicología occidental para la gestión de las emociones difíciles, Su Santidad sugirió que el grupo reuniese las herramientas de Oriente y Occidente para ponerlas a disposición de un público más amplio. Con ayuda de Alan Wallace, estudioso budista, profesor y traductor, Ekman decidió elaborar un currículo y ofrecerlo a educadores, ya que sufren elevados niveles de estrés y su capacidad de gestionar sus emociones tiene un efecto directo en los niños con quienes trabajan.

Alan y Paul fueron quienes más aportaron al programa, y yo (Margaret) me encargué de conceptualizar la cronología y la organización, además de tender un puente entre la filosofía budista y la psicología occidental. En mi rol como «entrenadora emocional», me reuní semanalmente con Paul para empaparme de sus cuarenta y cinco años de experiencia en el estudio de la emoción y la expresión facial, así como en el desarrollo de teorías al respecto. No fue tarea fácil para ninguno de los dos. Paul es un profesor muy exigente, y yo llegué a él con mi propia formación e ideas sobre la naturaleza de la emoción, ideas que había adquirido a través de incontables horas sobre el cojín de meditación.

El proyecto, que pronto contó con el preciado apoyo económico de Su Santidad, era todo un desafío. Era ambicioso, tal vez en exceso, y la labor científica resultaba compleja y cara. Hubo debates y desacuerdos internos. Pero a pesar de todo ello ofrecimos la intervención en constante desarrollo a seis grupos distintos de educadores del área de la bahía de San Francisco, y los resultados fueron espectaculares. Los primeros estudios piloto y otros ensayos clínicos más recientes demostraron que los educadores que participaron en el programa CEE redujeron sus síntomas de depresión y de ansiedad, disminuyeron las emociones negativas (como la desconfianza y la hostilidad), mejoraron las emociones positivas, optimizaron su capacidad de reconocimiento y expresión facial de las emociones, desarrollaron un perfil de cortisol más flexible y adaptativo y disminuyeron la rumiación mental después de ser expuestos a una situación estresante. En resumen, la formación ayudó a los profesores a aprender a recuperar el equilibrio psicológico y fisiológico después de vivir situaciones emocionalmente intensas. El hecho de que la mayoría de estos cambios positivos se mantuviera cinco meses después de la intervención sugería un beneficio duradero de estas prácticas (Kemeny *et al.*, 2012; Turan *et al.*, 2015).

En 2006, Ulco Visser, de la Impact Foundation, me invitó a impartir clases de CEE en Denver (Colorado). Los resultados fueron aún más espectaculares. Estaba impresionado, pero, como buen hombre de negocios que era, decidió desarrollar un modelo que pudiera ser a la vez expansible y sostenible. Tal como estaba diseñado, con instructores distintos para los componentes de la meditación y la psicología, la escalabilidad y la sostenibilidad del programa parecían problemáticas.

Así que, en 2007, Visser me hizo una oferta que no pude rechazar: contratarme para escribir «el currículo de mis sueños». Por entonces, había participado en muchos estudios de investigación, había obtenido el título de profesora del programa «Reducción del estrés basado en *mindfulness*» (MBSR, por sus siglas en inglés), me había formado en MBCT (Terapia cognitiva basada en *mindfulness*) y en MB-Eat

(*Mindfulness* en la alimentación) y había adquirido una amplia formación en facilitación de grupo. Más aún, a través de mi trabajo con el CEE, en muchas ocasiones había tenido la sensación de que estábamos reinventando la rueda. Mucho de lo que intentábamos conseguir ya se había logrado con el programa MBSR. Sin embargo, era evidente que juntar la psicología de las emociones con la formación en la meditación poseía un valor adicional.

Elaboré un programa que reflejaba lo que los alumnos habían demostrado que era de mayor ayuda en todas las intervenciones contemplativas que había escrito y entregado (que por entonces eran ya más de cien). Paul tuvo la amabilidad de autorizarme a emplear algunas de las técnicas que había diseñado para el desarrollo del alfabetismo emocional, y también tomé varios elementos del MBSR. Además, llevaba ya cierto tiempo dirigiendo talleres sobre el perdón para pacientes de cáncer y sus familias y estaba convencida de que era una práctica fundamental para el equilibrio emocional.

El programa *Mindfulness* y equilibrio emocional (MBEB, por sus siglas en inglés) se piloto por primera vez en Vancouver con educadores y administradores educativos con un gran éxito. Robert Roeser y varios colegas estudiaron sus efectos en ese grupo y en otros posteriores de Boulder (Colorado), Ann Arbor (Míchigan) y Berkeley (California), con interesantes resultados (véase el recuadro de la página siguiente). Dichos programas se impartieron con el nombre de «Entrenamiento en manejo del estrés y relajación» (SMART, por sus siglas en inglés) un acrónimo inteligente, como indica la propia palabra resultante, pero que nunca me gustó porque no transmitía nada significativo sobre el currículo.[1]

Este programa se ofreció a educadores, pero siempre se diseñó para que se pudiera aplicar fácilmente en cualquier otro ámbito: sanitario, parental, empresarial, deportivo, etc. De hecho, mientras escribo estas líneas, estamos ofreciendo la segunda versión piloto del MBEB para cónyuges de militares, una población poco atendida y que requiere bastante apoyo, y hace poco ha recibido financiación para un

---

1. *Smart* en inglés significa «inteligente».

Resumen de los resultados de investigación sobre el programa Mindfulness y equilibrio emocional con educadores

En un ensayo controlado y aleatorizado del programa MBEB para padres y profesores de niños con necesidades especiales, se descubrió que los participantes, a diferencia de aquellos que permanecieron en lista de espera, mostraron una importante disminución de los niveles de estrés, depresión y ansiedad y un mayor grado de conciencia plena, autocompasión y crecimiento personal al finalizar el programa y a los dos meses de seguimiento. También se apreciaba en ellos cambios significativos en sus habilidades relacionales, con una mayor capacidad para interesarse empáticamente por los otros y para perdonar. Además, el MBEB influía de forma significativa en el potencial de los profesores para el cuidado de los demás (Benn, Akiva, Arel y Roeser, 2012).

En otros dos estudios controlados y aleatorizados de MBEB se analizaron los efectos del programa en mindfulness, la autocompasión ocupacional, el estrés y el burnout de profesores de centros públicos estadounidenses y canadienses. Los profesores escogidos al azar que participaron en el programa MBEB, en comparación con los controles de la lista de espera, mostraban un aumento en mindfulness y autocompasión, mejoras en una tarea conductual para la que se requería concentración y memoria de trabajo y mayor reducción del estrés y el agotamiento al finalizar el programa y en los cuatro meses de seguimiento. Los resultados evidenciaban también que los cambios en mindfulness y autocompasión posteriores al programa contribuían a disminuir el estrés, el agotamiento, la ansiedad y la depresión ocupacionales en la fase de seguimiento (Roeser *et al.*, 2013).

proyecto de investigación con el modelo «formación de formadores» (véase el recuadro de la página 22).

Un libro de prácticas es distinto de una clase. La elaboración de este no fue un simple trabajo de adaptar nuestro manual (que Linda Wallace y Betsy Hedberg redactaron con suma inteligencia) al formato de un libro de prácticas. No hay profesor ni grupo con los que

Resumen de los resultados de la investigación del programa Mindfulness y equilibrio emocional con parejas de militares

En un estudio que llevaron a cabo Amishi Jha y su equipo de investigación de la Universidad de Miami, se analizó a cónyuges de militares que participaron en el programa MBEB y se los comparó con un grupo de cónyuges que no recibieron ninguna formación. Los cincuenta cónyuges del proyecto completaron una tarea de atención intencionadamente repetitiva y monótona, antes y después del período de formación, y una serie de cuestionarios sobre su bienestar. Los resultados preliminares señalaban que, después del entrenamiento, los participantes del programa tenían mayor capacidad de prestar atención y niveles inferiores de divagación mental. Estos beneficios se complementaban con mayores niveles de autocompasión y menores de estrés percibido. Hace poco, Jha recibió una considerable subvención del Departamento de Defensa de Estados Unidos para formar a cónyuges de personal militar y estudiar sistemas de formación de formadores.

interactuar, por lo que se han eliminado algunos componentes y se han añadido otros que se prestaban mejor para el trabajo individual. Además, si algo hemos aprendido reiteradamente de nuestros alumnos es que la mayoría de nosotros tendemos a ser muy exigentes con nosotros mismos. Es más fácil afanarse y desvivirse que relajarse; más fácil trabajar que recrearse. Por esta razón, hemos añadido en cada capítulo «experimentos», «ejercicios» y «observaciones de campo». La mejor forma de realizar todos ellos es con espíritu lúdico y curioso.

Hallar el equilibrio entre el esfuerzo y la relajación es una de las grandes artes de vivir, un arte que se puede comprender y afinar mediante la práctica de *mindfulness*. Si eres una de esas personas a las que se les da bien jugar y mal trabajar, no tengas reparos en saltarte los experimentos. En todo caso, encontrar el equilibrio es un desafío permanente porque las condiciones no dejan de cambiar: las de la mente, las del cuerpo y las de cada momento. Muchos de los capítulos siguientes incorporan el aprendizaje del arte del «esfuerzo justo», como se lo llama en el budismo.

QUIÉN ES GONZALO Y CÓMO LLEGAMOS A ESCRIBIR JUNTOS ESTE LIBRO

Gonzalo es psicólogo clínico, investigador y educador contemplativo. Inició la práctica de la meditación en 1999 dentro de la tradición zen, y al año siguiente asistió a un retiro tradicional de tres meses con el venerable Thich Nhat Hanh en Plum Village, en el sur de Francia, una experiencia que, desde entonces, ha inspirado su trayectoria vital y su vocación. Con el paso de los años ha ido profundizando en su práctica, y desde 2005 complementa el trabajo clínico con la enseñanza de la meditación y el yoga en centros educativos y comunitarios de Chile, Perú, Argentina, España y Estados Unidos.

En 2013, el Centro para la Investigación y la Educación en la Compasión y el Altruismo (CCARE, por sus siglas en inglés) de la Universidad de Stanford, ofreció su primer programa formal de formación de profesores para enseñar el programa de Entrenamiento en el cultivo de la compasión (CCT, por sus siglas en inglés). Tuve el privilegio de supervisar a Gonzalo, quien fue la primera persona en recibir oficialmente el título de profesor de CCT. Como supervisora suya, tuve acceso a su práctica de la meditación y siempre hallé en él una experiencia, una comprensión y un compromiso muy por encima de lo que cabía esperar a su edad. También encontré a un compañero de viaje que compartiría muchas de mis ideas sobre la meditación, la compasión y la psicología. Además de seguir nuestro exigente programa de formación de un año en el CCARE, Gonzalo estaba terminando sus estudios de doctorado sobre los efectos psicológicos y relacionales del entrenamiento en la compasión y se hallaba inmerso en el proceso de publicación de un libro sobre *mindfulness* en español (*Presencia plena: reflexiones y prácticas para cultivar mindfulness en la vida cotidiana*). Consciente de que debía aún terminar la tesis, dudaba de que aceptara mi invitación para escribir juntos este libro, pero aceptó. Nuestro trabajo conjunto ha sido un auténtico placer, y sus aportaciones a esta obra han sido inestimables.

QUIÉN DEBERÍA USAR ESTE LIBRO

Tal vez sería más fácil determinar primero quién no debería usar este libro, porque la categoría sería mucho más reducida. Si tienes menos de dieciocho años, te animamos a que explores los estupendos programas pensados para adolescentes y jóvenes. Y si estás en crisis, sea física, emocional o espiritual, por favor, acude a un profesional competente. Un libro de prácticas nunca podrá reemplazar a un aliado «en vivo» con la formación adecuada y con vocación solidaria.

Más allá de estas dos categorías, este volumen es adecuado para cualquiera que busque mayor equilibrio y paz emocional mediante el cultivo de la conciencia plena, el amor y la compasión. Este es un libro apropiado para quienes se inician en la práctica de *mindfulness*, y también para quienes posean cierta formación contemplativa.

No necesitas estar completamente agobiado por tus emociones para sacar pleno provecho de este programa. Ya sea porque simplemente quieres ser más amable contigo mismo o con tu familia y responder de forma más positiva o porque padezcas un cierto nivel de ansiedad o depresión, este libro práctico te será de ayuda. Algunos lectores estarán viviendo el dolor de una pérdida reciente o un cambio importante en sus vidas, y otros quizás busquen cultivar una mayor integridad o integración en sus vidas. Sea lo que fuere lo que te traiga a estas páginas, en ellas encontrarás orientaciones que te ayudarán a sacar el mejor provecho de esta obra.

CÓMO UTILIZAR ESTE LIBRO

El mejor beneficio de este programa lo conseguirás con la práctica diaria. Pero no siempre es fácil encontrar tiempo para la práctica de la meditación, por *muchísimas* razones, entre ellas: todos estamos ocupados; es difícil adquirir nuevos hábitos y romper con los viejos; muchas veces nos resistimos a hacer lo que sabemos que *deberíamos hacer*; sentarnos tranquilos, sin más, es cada vez más difícil; tenemos miedo de enfrentarnos a nosotros mismos y sentirnos dominados por los sentimientos; estamos fuertemente condicionados a ser «productivos»; el entorno familiar nos acapara la atención y nos distrae…

y la lista continúa. Por otro lado, los estudios sobre las intervenciones basadas en *mindfulness* demuestran que los resultados positivos están relacionados con la dosis: mientras más practicas, más beneficios obtienes.

Ante estos desafíos, queremos compartir algunas de las bases actitudinales que te pueden ayudar a realizar las prácticas y sacar el mejor partido de este libro. Las siete primeras provienen de *Vivir con plenitud la crisis* (2013), de Jon Kabat-Zinn, y nosotros, a modo de complemento, hemos añadido unas pocas más.

- **No juzgar.** Esta cualidad de la conciencia implica cultivar la observación imparcial de cualquier experiencia: no etiquetar pensamientos, sentimientos ni sensaciones como buenos o malos, correctos o incorrectos, justos o injustos, sino simplemente tomar nota de ellos en cada momento.
- **Paciencia.** Esta actitud es una expresión de sabiduría y madurez. La paciencia reconoce que las cosas deben evolucionar a su propio ritmo, y es un magnífico antídoto contra la agitación que puede surgir bloqueando la verdad del momento presente.
- **Mente de principiante.** Esta cualidad de la conciencia ve las cosas como nuevas y frescas, como si fuera por primera vez, con un sentimiento de curiosidad.
- **Confianza.** Se trata de honrar tu propia experiencia y aprender a escuchar atentamente tu corazón, tu mente y tu cuerpo. En el transcurso de este programa, y desde luego a lo largo de la vida, habrá momentos en que tu experiencia interior esté en conflicto con lo que se te pida. Aprender a confiar en ti mismo es esencial para realizar estas prácticas y cultivar el equilibrio emocional.
- **No esfuerzo.** Con esta cualidad de la conciencia disminuimos el aferramiento, la aversión al cambio y cualquier movimiento para alejarse de lo que surge en el momento; en otras palabras, no esforzarse significa no intentar ir a ninguna parte que no sea donde te encuentres.

- **Aceptación.** Esta cualidad de la conciencia valora y reconoce las cosas tal como son. Aceptar la verdad no significa necesariamente que tengas que amarla, ni siquiera que te guste. Se trata de conectar con lo que es verdad en cada momento y soltar la tendencia a negar, rechazar o evitar.
- **Dejar ser.** Kabat-Zinn emplea la expresión «dejar ir», pero nosotros preferimos suavizarla un poco. Para muchas personas, dejar ir puede transformarse en alejar activamente lo que no se quiere. Con esta cualidad de la conciencia, simplemente puedes permitir que las cosas se queden como están, sin necesidad de intentar dejar ir lo que está presente.
- **Humor.** No se puede forzar el humor, pero sí lo puedes acoger y fomentar. Es un magnífico aliado cuando se trata de observar las maquinaciones de tu propia mente. Como muchas otras actitudes de esta lista, el humor crea espacio en la mente para contrarrestar la tendencia a la tensión y la contracción ante cualquier experiencia desagradable.
- **Curiosidad.** Muchas de las ideas que conducen al equilibrio emocional implican ver las cosas tal como son y, al mismo tiempo, indagar en su causa y sus consecuencias.
- **Cariño.** Kabat-Zinn habla a veces de *mindfulness* como «atención cariñosa». Cuando la conciencia posee las cualidades del cariño y la ternura, es mucho más fácil acercarse a la experiencia para conocerla plenamente, en especial cuando es dolorosa o provoca sentimientos de vulnerabilidad.

Te invitamos a que te acerques a estas cualidades como recordatorios amables de actitudes fundamentales y no como mandamientos. De hecho, nadie podrá encarnar perfectamente estas cualidades en todo momento. Ten en cuenta que incluso la meditación y el cultivo de la compasión pueden ser apropiados por nuestros condicionamientos del pasado, transformando estas prácticas en nuevas maneras de castigarnos y sentirnos culpables.

Primera parte

LOS FUNDAMENTOS

Capítulo 1

Mindfulness

La clave del equilibrio emocional

lgo te llevó a elegir este libro. Tal vez hayas tenido cierto contacto previo con *mindfulness*. Quizás has oído hablar de estudios e investigaciones que demuestran los muchos beneficios de la conciencia plena, o es posible que tengas amigos que han participado en algún programa basado en *mindfulness* y se los ve más contentos y amables, o dicen que duermen mejor y se sienten con más energía. O tal vez te haya llamado la atención la diversidad de personas que alaban sus bondades, desde el congresista Tim Ryan hasta el famoso entrenador de baloncesto Phil Jackson. O quizás simplemente hay algo dentro de ti que intuye que las respuestas que estás buscando se encuentran en tu interior y que *mindfulness* podría ser la clave.

También es posible que te hayas encontrado con este libro en particular porque los desafíos de la vida se sienten abrumadores a veces, porque las emociones perfectamente humanas que te han ayudado a sobrevivir también te hayan parecido amenazantes o problemáticas. Puede ser que tu sistema nervioso se sienta sobrecargado y exhausto, incapaz de sostener la intensidad de lo que surge en tu interior. O tal vez haya una emoción en particular que te agobie, como la ira o el miedo.

Sea lo que fuere lo que te trajo, respetamos profundamente el camino que te condujo al umbral del primer capítulo, porque sabemos por nuestra propia y a veces dolorosa experiencia que a menudo el camino no ha sido fácil, agradable ni recto; que el viaje a este punto particular ha estado repleto de peligros (reales e imaginarios); que ha sido un trayecto arduo y agotador, pero de un modo u otro has conseguido poner un pie delante del otro, y que en tu caminar has encontrado grandes alegrías y satisfacciones y también profundas tristezas y decepciones. Reconocemos, además, que algo te ha llamado la atención sobre *mindfulness* que, en lo profundo, cuando tocas la fuente de tus recursos y tu sabiduría, intuyes que la práctica de *mindfulness* puede resonar contigo como nada más lo ha hecho.

Nuestra intención más profunda al escribir este libro es que mediante él, y mediante el programa que contiene, encuentres la forma de conectar con este hondo saber interior y aprovechar el potencial de *mindfulness* para transformar las emociones difíciles, los pensamientos perturbadores y las sensaciones dolorosas. Todo ello gracias a la práctica extraordinariamente simple y, al mismo tiempo, increíblemente desafiante de la atención plena en la vida cotidiana, momento a momento.

Bienvenido al momento presente. Como dice el anuncio a la entrada del casino: «Para ganar, hay que estar presente».

LA ESENCIA DEL MILAGRO

Es probable que la definición de *mindfulness* más ampliamente citada es la que en 2005 formuló Jon Kabat-Zinn, creador del programa MBSR y generalmente considerado el «padre» de la conciencia plena en Occidente: «La conciencia no enjuiciadora que se despliega momento a momento, la cual se cultiva prestando atención de una manera específica: en el momento presente y de la manera menos reactiva y enjuiciadora posible, y con la máxima apertura del corazón» (Kabat-Zinn, 2005, pág. 108).

Aunque a primera vista esta definición podría parecer algo demasiado elevado, vamos a comenzar a explorar este concepto —que se traduce como «*mindfulness*» o «conciencia plena», de la palabra original en pali *sati*— y, teniendo en cuenta este enfoque de Kabat-Zinn, comprender qué significa vivir la vida desde esta actitud y trabajar con toda la riqueza y complejidad de nuestras experiencias tal como son. Vamos a tomar cada elemento de esta definición, para ver qué podemos recoger y, al mismo tiempo, darnos cuenta de que una idea como la de *mindfulness* es mucho más que la suma de sus componentes. Empecemos por las partes y veamos a dónde nos llevan.

«...momento a momento...»

Por estereotipado que pueda parecer, en realidad solo disponemos de momentos para vivir. A pesar de todos nuestros planes y proyectos de futuro, todas nuestras reminiscencias y recuerdos del pasado y todos nuestros sueños de otras posibilidades imaginarias que nuestra mente humana, tan hermosamente creativa, pueda generar, este momento es el único lugar en el que podemos estar.

Sin embargo, todos poseemos este sorprendente y complicado cerebro humano, capaz de muchísimo más que la «simple» conciencia del momento actual. Este cerebro puede planificar, prever, recordar, elaborar historias y escenarios, desarrollar guiones y modelos de conducta que residen por debajo de nuestra conciencia cotidiana y a menudo causarnos más problemas imaginarios en una hora de los que *realmente* tenemos en toda la vida. *Si* dejamos que lo haga. Y aquí está la clave de *mindfulness*: observar cuándo no estamos de verdad en el momento presente y traernos de vuelta.

«...conciencia...»

Si observar es fundamental en la práctica de *mindfulness*, es evidente que la conciencia ha de aparecer en la ecuación. ¿Qué *es* observar, realmente, sino un producto de la conciencia? Dirigimos la luz de nuestra atención hacia nuestra experiencia, momento a momento, y frecuentemente nos damos cuenta de lo que nos rodea y de lo que nos sucede. Todo tipo de experiencias surgen en el ámbito de la conciencia: el picor de la nariz (sensación corporal), la idea de qué te apetecería para desayunar (pensamiento), la profunda añoranza de otra persona (emoción) y una multitud de experiencias que pueden surgir en un determinado momento.

La conciencia es la capacidad de ser testigo de todos estos eventos (y sostenerlos) a medida que emergen. Para emplear un símil tradicional, la conciencia es como el cielo inmenso, donde aparecen y desaparecen nubes de todas las formas posibles (nuestras experiencias). El cielo no son las nubes y estas no lo afectan, del mismo modo que las experiencias (el picor, el olor, el pensamiento o la emoción) pueden aparecer en el espacio de la conciencia sin afectarla. No te preocupes si esta idea te parece ahora un tanto confusa: enseguida analizaremos este punto con mayor detenimiento, y a lo largo de este libro y de las meditaciones guiadas que lo acompañan, hay muchas oportunidades para explorarlo a través de la propia experiencia. De momento, considera simplemente la idea de que siempre *estamos relacionados con* las experiencias que aparecen en el ámbito de nuestra conciencia y, como ocurre en toda relación, las cosas se pueden complicar. En pocas palabras, la práctica de la atención plena implica cultivar una relación sana con nuestra experiencia, una relación que se caracteriza por la presencia y la aceptación.

La mayoría de las personas nos sentimos cómodas con el proceso de considerar nuestras relaciones con otros seres humanos, pero muy raramente recordamos que también nos relacionamos con aquello que nos surge en el interior del cuerpo, la mente y el corazón. Si lo dudas, prueba con un pequeño experimento: recuerda algún lugar que sea muy significativo para ti. Dibújalo en tu mente y añádele si quieres recuerdos de las imágenes, olores, sonidos y sabores. Observa qué surge alrededor del simple recuerdo de ese lugar. ¿Hay calidez, añoranza, tal vez incluso aversión o, por algún motivo, un fuerte sentimiento negativo? Quizás te encuentres con que quieras quedarte en la idea de ese sitio, para saborear la sensación que te produce en este instante, o quizás desees alejar esa imagen porque es demasiado dolorosa o provocativa.

Tu relación con un fenómeno mental reside en el espacio que media entre ese fenómeno (la aparición de una imagen o una idea de este lugar significativo) y la totalidad de lo que realmente observaste en torno a él. El deseo de aproximarte más o acercártelo, la aversión que te empuja a alejarte de él o evitarlo, tal vez incluso una especie de negación o simulación de que no está presente. Esas aversiones, ilusiones y deseos están en la base del sufrimiento, y estas relaciones son a las que apuntamos.

«...prestando atención de una manera específica: en el momento presente y de la manera menos reactiva y enjuiciadora posible...»

Al hablar de no juzgar, Kabat-Zinn nos invita a que prestemos atención a *cómo nos relacionamos* con nuestra experiencia momento a momento, y no en *los objetos* de esa conciencia. Nos invita a asumir cada experiencia que surja con la voluntad de observarla en su totalidad, sin implicarnos, enmarañarnos ni identificarnos con ella en modo alguno. Además, nos pide que renunciemos a evaluar las sensaciones, los pensamientos o las emociones como inherentemente buenos o malos; en su lugar, observamos su presencia y dejamos que estén ahí porque *ya están* presentes. Sin embargo, ¿cuántas veces has notado que te dices interiormente algo así como: «No debería estar pensando esto» o «¡Mira! Este es el problema conmigo y con mi manera de _____ (termina la frase)»? ¿Puedes considerar la posibilidad de que estos pensamientos también pueden verse como productos del cerebro que pueden observarse, en vez de tener que creerlos y reaccionar frente a ellos? A esto nos referimos cuando hablamos de no juzgar.

Conviene señalar que el no juicio no significa renunciar a tu capacidad de *discernir*: tu capacidad de reconocer los méritos relativos o las distintas posibilidades frente a una decisión para poder tomarla sobre una base firme. A veces, cuando oímos hablar de «no juzgar», imaginamos una pasividad tan extrema que casi raya en la inercia, donde todo se considera permisible y todas las situaciones se afrontan con una actitud de «seguir la corriente». Nada más lejos de la verdad.

Cultivamos esta refinada conciencia de lo que surge y, a su luz, podemos distinguir la realidad de lo que ocurre de nuestras reacciones ante esta realidad (pensamientos, sentimientos, recuerdos, viejos hábitos, antiguas heridas...) y a partir de ahí *discernir* y decidir cuál sería una respuesta hábil y no reactiva que nace de una profunda sabiduría interior sobre qué es lo más apropiado. A veces, esta respuesta sabia implica una acción enérgica, a veces requiere una acción mesurada y en otras ocasiones, la hábil decisión de no actuar de ningún modo. (A lo largo del libro hablamos de «hábil» en el sentido de sensato, conveniente y efectivo, y no en el sentido más habitual de apto o competente en un deporte o un instrumento musical, por ejemplo). La clave es que ahora somos, por así decirlo, el capitán de nuestro propio barco, y no sirvientes de nuestras reacciones condicionadas.

Tomemos como ejemplo la tarta. Imaginemos que cuidas la dieta porque el médico te ha advertido de que rondas los límites de la diabetes tipo 2. Esa delicia de fresas con una gruesa capa de chocolate no se encuentra precisamente en tu camino de liberarte del riesgo de la diabetes. Sin embargo, cuando te la encuentras de frente, el impulso de saborearla y tragártela es casi irresistible. Casi. Tal vez te hayas sorprendido en el pasado pensando (y hasta diciendo): «¡No! ¡No puedo!» y a continuación, solo unos segundos después, te ves contemplando las migas en el plato y con el estómago lleno. Y no hablemos del sentimiento vago (o no tan vago) de culpa y vergüenza por haberte comido el pastel cuando, en tu interior, sabes que no deberías haberlo hecho.

En esta situación, *mindfulness* puede hacer que no abandones la conciencia del propio pastel, y todo lo que *alrededor de* ese pastel imaginas y sientes (tanto a favor como en contra de comértelo), y que, entre las diversas opciones de las que dispones, *decidas* la que mejor se ajuste a lo que te importe en tu realidad general. Este es el valor del discernimiento.

«...la máxima apertura del corazón»

Y así llegamos a la actitud de conciencia plena, de *mindfulness*. La actitud de paciencia, amabilidad y amistad es esencial en la practica de afrontar todo lo que surja en el momento presente sin reactividad ni juicios. Una forma de describir cómo nos enfrentamos a cada momento y cada experiencia es con una especie de curiosidad amable que puede tener incluso un componente lúdico o liviano. A menudo confundimos la actitud de *mindfulness* con una resolución rígida y una intención testaruda. Jack Kornfield (2012) se remite a sus muchos años de práctica de la meditación para explicar este error habitual:

> Antes pensaba que para ser libre debías practicar como lo hace el samurái, pero hoy comprendo que has de hacerlo como la entregada madre del recién nacido. Requiere la misma energía, pero tiene una cualidad completamente distinta. Lo que libera son la compasión y la presencia inquebrantables, y no la obligación de derrotar al enemigo en la batalla.

Practicar como el guerrero samurái puede generar incluso una especie de resistencia a la experiencia que no es coherente con la práctica de la conciencia plena. En su lugar, se nos invita a suavizar nuestra postura (tal vez tanto en sentido físico como actitudinal) y estar dispuestos a acercarnos con más curiosidad y disposición amable al fenómeno que surja. La intención es estar plenamente en contacto con la experiencia y *conocerla* de manera que después nos permita responder de forma nueva y potencialmente fructífera.

Podemos comparar esta curiosidad sincera con la forma en que los antiguos exploradores se relacionaban con el mundo físico. Lo que nos viene a la mente son aquellos viejos mapas que incluían detalles sobre lugares a los que algunas almas intrépidas se habían aventurado anteriormente, mapas en los que habían descrito sus descubrimientos. Y luego, en los márgenes, en los territorios a los que nadie había viajado aún, se advertía de que «más allá están los dragones». Esas terribles admoniciones, evidentemente, no se colocaban ahí porque alguien se hubiera encontrado en esa particular región con serpientes que arrojaran fuego por la boca y hubiese regresado con las velas chamuscadas y marcas de mordeduras en el casco, sino para indicar que eran territorios desconocidos a los que solo se podía acceder por cuenta y riesgo propios.

Pero los posteriores arrojados exploradores estuvieron dispuestos a zarpar y explorar con cautela esos mares desconocidos, con prudencia, pero con curiosidad. Estaban abiertos a la posibilidad de todo lo que pudiera aparecer y, no obstante, se mantenían firmes en los viajes que habían planeado, preparados con calma para lo inesperado y llenos de esperanza ante lo que pudiesen encontrar. Al final, de esa nobleza surgieron el descubrimiento, la comprensión, la sabiduría, el aprendizaje... y ningún dragón resultó herido en la creación de ese nuevo mundo. Un resultado fructífero, sin duda.

EJERCICIO
Reconocer los momentos de conciencia plena

Teniendo en mente la definición de mindfulness que hemos ido analizando hasta ahora (la conciencia no enjuiciadora que se despliega momento a momento, la cual se cultiva prestando atención de una manera específica: en el momento presente y de la manera menos reactiva y enjuiciadora posible, y con la máxima apertura del corazón), recuerda algún momento de soledad, o una situación con otra persona en la que ofrecieras o recibieras ese tipo de presencia con atención plena. ¿Qué ocurría en ese momento? ¿Cómo afectó mindfulness a la situación? ¿Cómo te sentías? ¿Por qué crees que sigues recordando esa experiencia? Dedica un momento a anotar las respuestas en el espacio siguiente.

Notas

_____

_____

_____

_____

_____

_____

Ahora respira profundamente varias veces y estira el cuerpo con suavidad, deja que el recuerdo que acabas de evocar se vaya y centra la
atención por completo en el momento presente, asumiendo las cualidades de mindfulness que analizábamos antes. Tómate esta invitación
con un espíritu lúdico: ¿puedes atender a tu propia experiencia desde
una nueva perspectiva, suspendiendo los juicios habituales, como si
observaras las cosas por primera vez?

¿Qué notas en este preciso instante? Puedes limitarte simplemente a
prestar atención a lo que sea que entre en el campo de tu conciencia
(imágenes, sonidos, texturas, pensamientos, emociones, etc.) o puedes
dedicar unos minutos a observar aspectos concretos de tu experiencia
del momento presente. Por ejemplo, las sensaciones del contacto de
tu cuerpo con la silla y el suelo, los sonidos que oyes o los colores y las
formas de tu campo visual. Utiliza de nuevo el espacio siguiente para
anotar tus observaciones.

Notas

_____

_____

_____

_____

_____

_____

Así pues, hemos explorado una definición ampliamente aceptada
de _mindfulness_ y hemos analizado en cierta profundidad cada uno de
sus componentes, sin dejar de verlos como parte de un todo mayor.

Pero de algún modo ese todo recompuesto no refleja la fuerza profundamente transformadora de *mindfulness*. Queda aún por explorar el milagro de la conciencia plena:

> *Mindfulness* es el milagro mediante el que nos recuperamos y nos hacemos maestros de nosotros mismos. Es el milagro que, en un instante, puede traer de vuelta la mente dispersa y devolverla a su integridad, para que así podamos vivir cada minuto de la vida. Pensemos, por ejemplo, en el mago que corta diversas partes del cuerpo y las coloca en diferentes lugares –las manos al sur, los brazos al este, las piernas al norte– y a continuación, por algún poder milagroso, con un grito las vuelve a recomponer todas. La conciencia plena es algo así (Nhat Hanh 1987, pág. 14).

El milagro de *mindfulness* es esta posibilidad de recomponer y restaurar el sentido de totalidad y presencia que a muchos se nos ha escapado. Con las prisas de la vida moderna, donde la multitarea y la conectividad veinticuatro horas al día, siete días a la semana han pasado a formar parte del paisaje habitual, no es infrecuente tener que apresurarse constantemente para cumplir las exigencias de una vida ajetreada. Esta realidad hace que sea natural –y, a veces, incluso adaptativo– cometer el error de *reaccionar* ante las circunstancias, en vez de *responder* a ellas. La práctica de *mindfulness* siempre ha sido «milagrosa», pero es posible que el renovado interés por estas prácticas tenga algo que ver con nuestra creciente dispersión mental. Nuestra vida emocional es especialmente sensible y está íntimamente vinculada al grado (o la ausencia) de nuestra atención plena. Cuando estamos dispersos y vivimos básicamente desde el «piloto automático», es más probable que nos abrumen emociones fuertes y repitamos de forma habitual patrones profundamente arraigados de reactividad emocional. Sin la espaciosidad de la conciencia plena, nos convertimos en esclavos de nuestros propios patrones.

La que sigue es una historia real del poder milagroso de *mindfulness* frente a emociones difíciles. Tuvo lugar durante un retiro de invierno en Plum Village, centro de retiros del maestro budista vietnamita Thich Nhat Hanh, en el sur de Francia. Como parte de la rutina diaria en este centro de meditación, había varios recordatorios para cultivar *mindfulness* en medio de las actividades cotidianas, lo cual ayudaba a todos a transformar poco a poco sus patrones acostumbrados de falta de atención y reactividad. Dos de esos recordatorios eran el sonido de una campana que sonaba cada media hora y el del teléfono del comedor. Al oír ambos sonidos, todos dejaban lo que estuvieran haciendo, se ponían de pie o se enderezaban en su asiento, respiraban profundamente tres veces y recitaban mentalmente el siguiente *gatha*, o verso: «Escucha, escucha. Este maravilloso sonido me trae de vuelta a mi verdadero hogar».

Uno de los asistentes a ese retiro de invierno era un joven francés que no habría cumplido aún los veinte años, padecía depresión crónica y bastaba con mirar su rostro para adivinar que estaba casi siempre rumiando ideas negativas y enjuiciándose. Pero cada vez que oía la campana o el teléfono, encontraba la forma de salir de esa prisión mental: hinchaba el pecho, estiraba la columna, sonreía con amabilidad y respiraba profundamente. A veces, con una expresión de alivio, te decía:

—*Ce téléphone m'a sauvé la vie* (Este teléfono me ha salvado la vida).

Ver cómo se le relajaba la cara, se le desfruncía el entrecejo y se le abría el cuerpo mediante la respiración atenta era una prueba sencilla pero contundente de que todos tenemos la posibilidad de interrumpir el ciclo de reactividad y adentrarnos en la libertad.

No existe mejor fuente de inspiración para nuestras respectivas prácticas de meditación que nuestros alumnos. Durante muchos años hemos impartido programas de *mindfulness* a cientos de personas de todo tipo y condición, entre los dieciocho y los ochenta y ocho años, perfectamente sanas o en las últimas fases de alguna enfermedad terminal, con diagnósticos que van de la depresión leve al trastorno bipolar y a una muy amplia diversidad de dolencias físicas. El milagro de la atención plena ha sido ver, una y otra vez, que puedes recuperar tu totalidad *sean cuales fueren* tus circunstancias. Todos podemos acceder a esa dimensión de nuestro ser que es capaz de encontrar la paz y la libertad en el momento presente, sin que importen la situación ni el diagnóstico. Cuando esto ocurre, especialmente en medio de la confusión emocional o física, parece un milagro. Esto no significa que *mindfulness* sea un sustituto del tratamiento médico o psicológico. No lo es. De hecho, la atención plena cultiva a menudo el discernimiento necesario para actuar debidamente y buscar la ayuda necesaria. La meditación no sustituye al tratamiento físico o psicológico, y las necesidades varían mucho, tanto entre las distintas personas como en las diferentes fases del desarrollo individual. La mayoría de los maestros de meditación admiten sin reservas que han buscado ayuda psicológica en forma de terapia o medicinas en distintos momentos de su vida.

Capítulo 2

Las emociones

Lo que nos mueve y lo que nos paraliza

El equilibrio emocional basado en *mindfulness* implica estar en contacto con nuestras emociones, vivirlas plenamente y, al mismo tiempo, cultivar con paciencia los hábitos del corazón y de la mente que fomenten la paz y la alegría en nosotros y en quienes nos rodean. El maestro budista vietnamita Thich Nhat Hanh compara a menudo el proceso del cultivo de la mente y el corazón con el trabajo del jardinero orgánico. Un buen jardinero, con su paciente observación y práctica, adquiere la sabiduría y los medios necesarios para contribuir al proceso de transformar una simple semilla en una hermosa planta. También aprende poco a poco a controlar las malas hierbas, no envenenándolas, sino sencillamente dejando de alimentarlas. Y aprende a convertir la basura orgánica en bellas flores. Pero antes de hacer todo esto, se ha de familiarizar con las semillas y la tierra para saber exactamente cuánta agua se necesita, cuánto abono y qué plantas crecen bien juntas.

Antes de ponernos a trabajar en nuestro jardín, también nos hemos de familiarizar con la naturaleza, la función y la dinámica de las semillas emocionales que llevamos dentro. Si observamos detenidamente cómo funcionan las emociones, nos damos cuenta de lo relacionadas que están con la realidad que percibimos y en la que habitamos, y de cuánta libertad realmente disponemos para cambiar hábitos emocionales muy arraigados.

NUESTRAS EMOCIONES PUEDEN
CONFUNDIRNOS Y ATEMORIZARNOS

Emoción no es una palabra particularmente esotérica, o un término que nos remita a búsquedas en el diccionario o en Wikipedia. Parece relativamente directa y común. Cuando compartimos un episodio emocional, es razonable esperar que haya una comprensión compartida de su significado. Sin embargo, cuanto más lee uno sobre las emociones, más confusas se vuelven.

Como ocurre con muchas experiencias cotidianas, los científicos aún no logran ponerse de acuerdo sobre qué son realmente las emociones. Y lo que es peor, estas son relevantes para diversos campos de estudio, como la filosofía, la psicología, la sociología e incluso la economía, y tampoco dentro de cada uno de estos campos hay acuerdo sobre lo que es la emoción. Además, existen diferencias culturales en lo que se refiere al lenguaje y las expresiones físicas de la emoción, unas diferencias que complican aún más el asunto. Para empezar, en tibetano, tahitiano o samoano no existe una palabra que signifique «emoción». Los yorubas no tienen ningún vocablo para referirse a la ansiedad, y los tahitianos carecen de un término para hablar de la tristeza. El castellano no tiene una única palabra equivalente a la alemana *schadenfreude* (el placer que produce la desgracia de otro) o la japonesa *amae* (sentimiento agradable de dependencia de otra persona).

La idea de que las emociones son intimidantes tiene una larga historia. Las sociedades judeocristianas llevan la impronta inconsciente de que los humanos fuimos expulsados del paraíso porque nuestros ancestros cayeron en la tentación, el «pecado original» que se ha transmitido de generación en generación. En diversas religiones y culturas se sigue recurriendo a la autoflagelación para domar al «pobre hermano asno» —como san Francisco llamaba al cuerpo—, del que se creía que era la sede de los instintos, los deseos y las emociones que nos pueden desviar de la virtud. Los filósofos, ya desde los tiempos de Sócrates, han afirmado que las emociones deben estar controladas por la razón, y Sigmund Freud, el padre del psicoanálisis, postuló que la satisfacción inmediata de los deseos (el principio del placer) debía ser educada y civilizada (por el principio de la realidad).

Para muchos de nosotros, esta idea fue reforzada con insistencia por una familia y una sociedad que nos urgían a no manifestar emociones como el deseo, la tristeza, el miedo o la ira («¡Deja de llorar o te daré algo por lo que llorar!»). Esta es una de las razones de que las emociones se vivan muy a menudo como una «caja negra»: algo opaco, inescrutable, impredecible y potencialmente peligroso. No es raro decirle a alguien: «¿Qué te pasa? Te veo enfadado», y que te grite al responderte: «¡No me pasa nada, estoy perfectamente bien!». O preguntarle a alguien cómo se siente y ver en su cara una expresión perpleja, como si le hubieses pedido que calculara la raíz cuadrada de pi.

En este capítulo hablaremos de cómo funcionan las emociones y de cómo relacionarnos con ellas con atención plena y exploraremos estrategias para regularlas que se alejan de la represión, la supresión o la expresión ciega. La práctica de la atención plena ofrece unas herramientas específicas para cultivar y mantener la conciencia de todos los estados mentales, emocionales y físicos. Con cierta base intelectual, se puede conseguir regular y equilibrar las emociones, mediante cambios progresivos. El equilibrio emocional basado en *mindfulness* que analizaremos en este libro implica entrar en contacto con nuestras emociones, aceptarlas plenamente y, al mismo tiempo, cultivar los hábitos del corazón y la mente que fomenten la paz y la alegría, en nosotros y en quienes nos rodean.

La teoría de las emociones ofrece un mapa para moverse por el territorio a menudo no cartografiado del dominio afectivo y normaliza el mundo interior privado que, si se guarda en la «caja negra» de la negación y la represión, puede parecernos descontrolado y aterrador. Los alumnos de nuestras clases nos demuestran repetidamente que entender determinados conceptos fundamentales sobre las emociones les ayuda a llevar la conciencia plenamente a esas emociones cuando aparecen, ya sea durante la meditación o en la vida cotidiana. Es una combinación infalible, y constituye la premisa de este libro. En lugar de exponer la información más reciente o la supuestamente más científica, quisiéramos compartir contigo aquello que ha sido útil a las personas con las que hemos trabajado durante muchos años.

¿Qué son las emociones?

La emoción es un proceso, un tipo particular de valoración automática influida por nuestro pasado evolutivo y personal, en el que sentimos que está ocurriendo algo importante para nuestro bienestar y una serie de cambios fisiológicos y conductas emocionales comienzan a lidiar con la situación (Ekman, 2003, pág. 13).

La mayoría de las ideas de este libro proceden del trabajo pionero de Paul Ekman, profesor emérito de psicología de la Universidad de California en San Francisco, quien en muchas de sus investigaciones e ideas sobre el significado y la función de la emoción recurre a la teoría de la evolución. Las emociones evolucionaron como parte de nuestros mecanismos de supervivencia. Este proceso, que Ekman denomina «valoración automática», se incorporó a nuestra fisiología, permitiéndonos huir o quedarnos quietos al sentir miedo, remover obstáculos cuando sentimos ira o buscar contención emocional cuando estamos tristes. Por esto es tan difícil cambiar aquello que dispara nuestras emociones, ya que estas fueron diseñadas para que se produjeran sin pensar: para empujarnos a la acción y la seguridad sin detenernos en el análisis. Así, nuestros mecanismos de «valoración automática» están constantemente escaneando nuestra experiencia para ver si existe alguna amenaza oculta para nuestro bienestar o alguna oportunidad de la que nos podamos beneficiar. Cuando reaccionan, lo hacen sin nuestro consentimiento, y muchas veces sin que seamos conscientes de ello. Entender esta realidad es un enorme alivio para los alumnos de nuestras clases. Lo recoge muy bien una hermosa cita de Wes

Nisker: «No eres tu culpa» (Nisker, 2008, pág. 140). ¡Qué alivio poder quitarse la soga del cuello!

Piénsalo un momento. Se te ha dado un sistema nervioso que ha evolucionado a lo largo de miles de generaciones de maneras que tú no decidiste. Cuando vienes a darte cuenta de que posees una mente y un cerebro, ya están dispuestas las reglas básicas de su funcionamiento. Los sucesos que dan origen a estas valoraciones automáticas a veces son universales, y a veces personales. Casi todos sentimos miedo ante un coche que se nos echa encima; en cambio, a unos nos asusta bajar por senderos muy empinados, y otros andan por ellos como cabras montesas. A algunos les dan miedo las arañas (aracnofobia), las alturas (acrofobia) y hasta los botones (koumpounofobia). Estos desencadenantes personales suelen tener su origen en la infancia y se pueden llevar de forma inconsciente hasta la madurez. Gran parte de la psicoterapia va dirigida a explorar estos «guiones importados» del pasado. Puede ser tremendamente útil comenzar a comprender tus propios guiones importados, por lo que vamos a explorarlos más adelante en el libro.

Las emociones también pueden ser desencadenadas por mecanismos distintos a las valoraciones automáticas. Recordar, hablar o imaginar una escena emocional del pasado o pensar en escenarios futuros puede dar origen a ellas. Observar las emociones de otra persona (aunque sea en la pantalla del televisor) puede generar una reacción emocional. Las emociones se pueden evocar mediante la instrucción y mediante la representación voluntaria de sucesos emocionales, como se hace en los juegos de rol o en el teatro. También se nos pueden despertar al ser testigos o al saber de la violación de alguna norma (por ejemplo, hablar por el móvil en un concierto o tirar papeles al suelo en la calle).

Cualquiera que sea el tipo de desencadenante, las respuestas emocionales pueden ser funcionales o disfuncionales. Cuando de forma automática nos apartamos del coche que se nos viene encima, la reacción de miedo es extremadamente funcional. Si tenemos miedo de salir de casa por temor a que ocurra algo terrible, ya nos ubicamos en el lado disfuncional del miedo, un trastorno que con probabilidad proviene de un guion importado de un trauma del pasado. Si estos guiones importados están relacionados con temas universales, tienden naturalmente a estar más arraigados y a ser más difíciles de modificar. El tema universal de la tristeza es la pérdida; de la ira, la obstaculización de nuestros objetivos; del miedo, el daño físico o de otra índole.

Una idea que puede aportarnos alivio en situaciones difíciles, y que también funciona con las emociones, es: «También esto pasará». Las emociones suelen ser rápidas y, a pesar de las diferencias individuales, se distinguen de otros aspectos de la vida emocional por su tendencia a aparecer y desaparecer con rapidez. Las emociones pueden durar segundos o minutos; en cambio, los estados de ánimo se pueden prolongar durante horas y días. Más aún pueden durar los rasgos, que tal vez persistan toda la vida. Tanto los estados de ánimo como los rasgos aumentan nuestra propensión a experimentar emociones relacionadas con ellos. Por ejemplo, cuando estás irritable, es más probable que tengas momentos de ira. Si eres de temperamento melancólico, experimentarás más momentos de tristeza.

Las emociones son fundamentales para la experiencia de los seres sintientes (seres con capacidad de sentir, incluyendo animales y humanos). Cierra un momento los ojos e imagina cómo sería la vida sin ellas. A veces las emociones nos pueden abrumar, pero lo más probable es que la idea de vivir sin ellas se nos antoje insulsa y aburrida. Necesitamos las emociones para orientar nuestras acciones, interpretar las circunstancias en que nos encontramos, organizar las prioridades y centrar nuestras fuerzas en direcciones significativas. La propia palabra así lo sugiere: «emoción» procede del latín *emovere —e* (fuera) y *movere* (mover)—: *las emociones nos ponen en movimiento*.

LAS EMOCIONES CREAN REALIDADES

Para entender cómo nos ayudan las emociones a movernos por el mundo, Paul Gilbert, psicólogo clínico y experto en emociones, postula que los humanos tenemos tres principales *sistemas de regulación emocional*, una serie de funciones emocionales básicas que aparecieron en nuestro proceso evolutivo como especie para proporcionarnos información relevante momento a momento sobre el entorno y para poner en marcha estrategias motivacionales específicas. Estos tres sistemas son: el sistema de amenaza y protección; el sistema de impulso, búsqueda de recursos y excitación, y el sistema de calma y afiliación, alivio y seguridad (Gilbert, 2009). Veamos brevemente estos tres sistemas de regulación de las emociones para comprender mejor cómo funcionan y cómo han evolucionado para asegurarnos la supervivencia.

El *sistema de amenaza* está dirigido a percibir los peligros potenciales del entorno y provoca el estallido de emociones como la ansiedad, la ira, la indignación y el asco. Es el sistema responsable de impulsar la actuación rápida para asegurar la supervivencia. La excitación del cuerpo asociada a estas emociones genera la alerta necesaria que te dispone a actuar de inmediato. Por ejemplo, cuando ves que te va a atropellar un coche o que alguien te tira un objeto pesado, el sistema de amenaza es el que te permite reaccionar con eficacia para evitar ese peligro inminente, en lugar de tener que idear o planificar una acción. Es el sistema que te dice: «Estás en peligro: corre, lucha o haz como que estás muerto», una función que resuena con el concepto de valoraciones automáticas de Ekman.

El *sistema de impulso* regula las emociones y las motivaciones relacionadas con la búsqueda de recursos importantes del entorno, entre ellos la comida, oportunidades sexuales, alianzas, sitios donde asentarse y territorios. Es un sistema de deseos que empuja a los humanos hacia objetivos y recompensas importantes mediante la hiperactivación y los sentimientos positivos, como la excitación y el placer. Este sistema nos empuja a buscar la satisfacción de deseos y necesidades materiales e inmateriales, incluidos los relacionados con el mantenimiento de la autoestima, como la búsqueda de estatus y la competitividad. Se activa cuando estás a punto de que te asciendan en el trabajo o cuando quedas por primera vez con alguien que te gusta de verdad.

Es el sistema que te dice: «¿A qué esperas? Ve y consíguelo. No va a estar ahí para siempre».

Por último, el *sistema de calma y afiliación* está relacionado con las cualidades emocionales de la alegría y con el hecho de sentirnos contentos y seguros, lo cual no solo implica la ausencia de riesgo, sino también el surgimiento de emociones agradables y apacibles y una sensación de bienestar. El sistema se activa cuando estamos con personas con las que nos sentimos vinculados emocionalmente, en sintonía y seguros, en especial con amigos y familiares. Lo interesante de él es que también se pone en marcha cuando realizamos prácticas de *mindfulness* y prácticas del corazón, por ejemplo meditaciones de amor y amabilidad y de compasión (véanse los capítulos 9 y 11). Esto implica que construir relaciones positivas y seguras con los demás y con nosotros mismos hace que nos sintamos en calma, seguros y contentos. Su activación ayuda a regular el funcionamiento de los sistemas de amenaza y de impulso. Es el sistema que te dice: «Relájate, disfruta y conecta. Todo está básicamente bien».

Desde la misma infancia, en particular cuando existe una sana relación entre el niño y su cuidador, los humanos (y en realidad todos los mamíferos) descubrimos que se puede acceder a la seguridad y la alegría mediante la activación del sistema de calma y afiliación, que puede regular la ansiedad, el miedo y la ira. Cuando esto ocurre, la oxitocina –la magnífica hormona de la vinculación afectiva y la conexión– genera en el cuerpo y la mente sentimientos de confianza, de afiliación y de tranquilidad en las relaciones. También disminuye la sensibilidad a los peligros en los circuitos del miedo en la amígdala, la pequeña pero potente alarma cerebral contra el peligro.

Hasta más o menos los pasados años setenta, lo habitual era pensar que el sistema nervioso era fundamentalmente inmutable a lo largo de la vida adulta, que las funciones cerebrales se mantenían constantes y que era imposible que se desarrollaran neuronas nuevas después de la infancia. Si nacías con la actitud de quien ve «la botella medio vacía», estabas condenado perpetuamente a la desdicha. La neurociencia lo ha cambiado todo con el concepto de neuroplasticidad, la idea de que, en realidad, el cerebro humano es flexible y cambia a través de la experiencia. Esto significa que, aunque existan ciertas reglas fijas sobre lo que la mente y el cuerpo pueden hacer (de ahí que «no seas tu culpa»), también es verdad que no estamos biológica ni psicológicamente determinados, y que existe un espacio real de libertad para responder en vez de reaccionar que se puede cultivar mediante la observación consciente y la práctica de *mindfulness*.

De forma consciente o inconsciente, estamos constantemente entrenando la mente y el cerebro para que respondan ante las circunstancias de diferentes formas. En virtud de la repetición, nuestras reacciones se cristalizan en patrones emocionales y senderos neuronales, los cuales, a su vez, influyen en cómo percibimos la realidad. Así ocurre en especial cuando nos domina una emoción intensa, una situación a la que se suele denominar *el período refractario* (Ekman, 2003), un espacio de tiempo en el que solo somos capaces de asimilar información y evocar recuerdos que confirmen, mantengan o justifiquen la emoción que estamos sintiendo. Este mismo mecanismo que dirige y centra nuestra atención también puede limitar nuestra capacidad de adquirir información nueva y acceder a conocimientos ya almacenados que no coincidan con la emoción actual. Todos nos olvidamos de elementos o datos históricos evidentes cuando nos «ciega» alguna emoción fuerte. Como bien resume Abraham Maslow (1966, pág. 15): «Supongo que si la única herramienta que tienes es un martillo, es fuerte la tentación de tratar todas las cosas como si fuesen clavos».

Nuestro propósito con este libro es invitarte a explorar distintas herramientas observacionales, meditativas y reflexivas que poco a poco pueden aportar a tu vida emocional la cálida espaciosidad de la conciencia plena. Como veremos pronto, en todo momento tienes en tus manos un espacio de libertad en el que cultivar gradualmente una forma de relacionarte con tus experiencias —incluidas las emociones— que pueda traer un sentido de amplitud y apertura a cualquier cosa que estés viviendo. Esto no significa que las emociones difíciles vayan a desaparecer como por arte de magia. Las emociones agradables y las desagradables no son más que hechos de la vida, y no estamos aquí para desvincularnos de ningún aspecto de nuestra existencia. El milagro de *mindfulness* es precisamente el de aprender a aceptar la experiencia en lugar de luchar contra ella, y esta aceptación sincera es la que realmente hace posible el cambio.

Basándose en esta fe inquebrantable en la esencial bondad humana, al maestro de meditación tibetano Chögyam Trungpa le gustaba decir que, dondequiera que estés, tu situación es «trabajable»: «Todo lo que nos ocurre en la vida, todo tipo de emociones, es trabajable. La esencia inherente de las situaciones es trabajable y las cualidades aparentes de las situaciones son también trabajables» (Trungpa, 2003, pág. 512). Esta apertura, flexibilidad y maleabilidad de tu situación son el espacio que media entre el estímulo y la respuesta que analizaremos en el capítulo siguiente y constituyen el campo donde cultivaremos las semillas del equilibrio emocional mediante los ejercicios y las prácticas de la segunda parte de este libro.

Capítulo 3

Los valores y las intenciones

¿Por qué estás aquí?

¿Qué son los valores y las intenciones, y qué tienen que ver con el equilibrio emocional? Las intenciones son los pensamientos o impulsos que dirigen nuestra conducta y los valores son la expresión de aquello que realmente importa en la vida. Aunque no seas plenamente consciente de ellas, las intenciones que impulsan tu comportamiento permanecen como una fuerza invisible pero operativa que define la calidad de lo que piensas, dices y haces. Como escribe Sharon Salzberg (2004): «Todas las decisiones que tomamos, todas las acciones que emprendemos nacen de una intención».

Una forma eficaz de fortalecer el equilibrio emocional es esclarecer tus intenciones y conectar de nuevo con tus valores más profundos. El *equilibrio emocional* está íntimamente relacionado con el *equilibrio cognitivo* (una forma saludable de pensar y saber) y el *equilibrio conativo* o *intencional* (una manera saludable de relacionarse con las intenciones). Juntas, la cognición, la emoción y la intención son tres aspectos básicos de la mente. Si la cognición se ocupa del «qué» de la mente —el conocimiento y la información— y la emoción se refiere a «cómo» nos sentimos acerca de este conocimiento, la intención es el «por qué». Esta última es la manera en que los humanos traducimos aquello que sentimos sobre lo que sabemos en lo que hacemos. Las intenciones también dan sentido y orientación a lo que pensamos, cómo nos sentimos y el modo en que actuamos en el mundo.

¿Y por qué decidir hacer algo a menos que otorgue un mayor sentido a tu vida? Antes de embarcarte en las prácticas que se ofrecen en la segunda parte de este libro, te invitamos a que te detengas a considerar cuáles son tus intenciones y aspiraciones y cómo se conectan con tus valores más profundos. Los valores y las intenciones son como el timón que guía el barco. En el agitado mar de las emociones intensas, disponer de un sólido timón permite al barco seguir su rumbo. Y si una acción está conectada con una intención consciente enraizada en tus valores fundamentales, no solo te ayudará a alcanzar tu objetivo, sino que puede ser la piedra de toque a la cual volver cuando inevitablemente surjan las resistencias.

¿QUÉ SON LAS INTENCIONES?

Las intenciones se pueden entender como la fuerza invisible que precede a la conducta. Aunque sea a menudo inconsciente, la intención es un pensamiento, una decisión o un impulso que lleva al cuerpo a moverse de una determinada forma. Antes de levantar el brazo, está la intención de levantarlo; antes de que te rasques para aliviarte un picor, está la intención de rascarte, etc. De hecho, antes de cualquier acción, por trivial e insignificante que parezca, hay una intención que la precede.

Raramente se nos pide que prestemos atención a nuestras intenciones *mientras se producen*, pero es perfectamente posible hacerlo. Exploremos esto con un breve experimento.

EXPERIMENTO
Observar la intención

Mientras lees estas palabras, en algún momento querrás mover el cuerpo para mitigar cierta inquietud o incomodidad. Observa si puedes atrapar ese sentimiento de incomodidad antes de moverte y retrasar la respuesta unos treinta segundos. En este brevísimo tiempo, puedes sentir la intención de moverte, ese momento de «estar a punto de» en que el cuerpo se decanta hacia la siguiente acción. Si sabes sentirlo, has «atrapado» el momento de la intención que antecede a la acción.

Este es un ejercicio sencillo que a primera vista puede parecer intrascendente, pero en realidad abre la puerta a una verdad más profunda. El momento de la intención previo a que te rasques la nariz es un ejemplo de una intención simple y aparentemente carente de importancia. Pero la vida está compuesta de estos simples momentos, y si estamos permanentemente pasando de una acción a la siguiente, sin ser conscientes de nuestras intenciones, es muy probable que vivamos dirigidos por el piloto automático. Esto trae consecuencias a distintos niveles. La desregulación emocional suele existir en función de una suma de momentos separados de causa y efecto que se suceden con tanta rapidez que suelen estar por debajo del umbral de la conciencia. Sintonizar con la intención es una forma de detener el efecto de bola de nieve que muchas veces se traduce en un comportamiento del cual nos arrepentimos.

Por ejemplo, imagina que te encuentras gritándole a algún familiar y no tienes ni idea de por qué. Es posible incluso que te halles en esa clásica situación en que insistes en que no estás enojado mientras abandonas enfurecido la habitación dando un tremendo portazo. Si observas detenidamente, es probable que seas capaz de rastrear una serie de diminutos «momentos mentales» que revelarían un proceso lógico de causa y efecto. Podría ser algo así: en el trabajo, un superior hace un comentario de paso sobre tu rendimiento, unas palabras que despiertan en tu mente cierto recelo sobre tu futuro en esa empresa; este «estado mental» de duda provoca que interpretes erróneamente (al personalizarlo) un mensaje que se remite a todo el personal. Cuando llegas a casa, tu pareja te habla de varios desperfectos que hay que arreglar. Todos suponen un gasto. Estallas, sin siquiera darte cuenta de que, en el fondo de tu mente, estás preocupado por el trabajo. Aunque no te acuerdes del momento de desazón de cuando el jefe suelta el comentario que te inquieta, es posible observar —e incluso *decidir*— cuál es tu intención antes de entrar en tu casa después del trabajo. En nuestros cursos, algunos médicos han informado que emplean el simple momento de abrir la puerta de la sala de espera para revisar sus intenciones antes de saludar a cada paciente.

En nuestro trabajo clínico, no es raro oír a personas decir que se sienten como si hubieran vivido decenas de años sin saber lo que realmente estaba ocurriendo en su vida, dejándose llevar por la vida, trabajando en proyectos que no reflejaban sus valores, manteniendo relaciones que no las satisfacían o comprando objetos que realmente no querían ni necesitaban. Es como si se movieran impulsadas por las intenciones de otro, en una especie de trance hipnótico. Es una angustia que reflejan perfectamente las siguientes palabras de un ejecutivo anónimo de AT&T: «Hace diez años, miré hacia otro lado por un momento y se convirtió en mi vida» (Whyte, 2002, pág. 231).

Por qué observar las intenciones

Si eres capaz de notar un picor y esperar unos momentos antes de rascarte, es una práctica potente. ¿Por qué? En primer lugar, descubres que puedes tolerar la incomodidad del picor sin necesidad de rascarte inmediatamente. Los picores son una magnífica metáfora de todas las incomodidades que se presentan como urgentes, demandando una respuesta inmediata. Sin la conciencia de ese momento de estar «a punto de», simplemente nos rascamos, sin otra preocupación que la de aliviar la molestia que el picor nos produce. ¿En alguna ocasión has observado que, a veces, rascarse es una forma inefectiva de aliviar el incordio del picor? Este cesa un momento, pero muchas veces vuelve con mayor intensidad. Si sabes surfear la incomodidad de un picor sin rascarte, al final desaparece. Cada vez que retrasas pequeñas reacciones mecánicas o te abstienes de realizarlas, aumentas la capacidad de refrenar la necesidad compulsiva de evitar la molestia y fortaleces los músculos de la contención y de la fuerza de voluntad.

Otro beneficio importante de observar la intención es el acceso a una mayor libertad de elección. Es difícil ejercer el libre albedrío cuando abres el congelador, sacas el helado y te lo llevas a la boca si no eres consciente de que lo estás haciendo. ¿Has notado alguna vez cómo este tipo de comportamientos puede realizarse robóticamente o como si estuvieras en algún tipo de trance? ¡Claro que lo estás! Estás en ese trance de la falta de conciencia. Sin la conciencia no hay decisión, solo reacciones habituales.

Lamentablemente, incluso *con* conciencia, a veces es difícil decidir, porque la fuerza del hábito es tanta que puede más que la conciencia. Probablemente te identifiques con la experiencia de hacer algo siendo plenamente consciente de que no deseas sus consecuencias, por ejemplo la de oírte decir algo duro y desagradable a tu hijo adolescente sin poder detenerte, como si fuese otro el que estuviera hablando. Sabes muy bien que tus palabras no harán sino alejar más a tu hijo y hacerle más resistente aún a hacer lo que sea que no esté haciendo (o al revés). A veces te parece como si estuvieses canalizando a tu madre o tu padre, y este sentimiento de impotencia es el que te hunde en la espiral de emociones que van de la frustración con tu hijo a la frustración contigo mismo y a sentimientos de ira, desesperanza y agitación.

En estos casos, el perdón y la compasión hacia uno mismo son magníficos aliados. Analizaremos estos temas con mayor profundidad más adelante; de momento, digamos simplemente que cuando existe claridad en el ámbito de las intenciones y los valores, es más fácil recuperarnos y restablecer nuestras promesas cuando vemos que nos hemos equivocado.

La fuerza de la intención

La función más poderosa, aunque a menudo invisible, de la intención es su potencial de afectar a los resultados de la acción. Para el marinero, es evidente que el objetivo del timón está totalmente relacionado con el rumbo que siga el barco. Sin embargo, en nuestra cultura occidental, se nos ha educado para que nos centremos en las acciones como los únicos determinantes de los resultados, ignorando el poder de la intención o la motivación. Así lo ejemplifican aforismos como: «El camino al infierno está pavimentado de buenas intenciones» u «Obras son amores y no buenas razones». Evidentemente, si las buenas intenciones nunca se reflejan en acciones concretas, no hay duda de que el camino al infierno estará perfectamente pavimentado. Sin embargo, en otras culturas, la intención es la que desempeña el papel más importante en las consecuencias de nuestras acciones. Dice un refrán tibetano: «Todo descansa sobre la punta de la intención».

Un buen ejemplo es la costumbre de hacer regalos. Imagina que le has comprado una bufanda a un amigo. Si se la regalas por amistad y generosidad, la recibirá de modo muy diferente que si se la ofreces esperando algo a cambio. Quizás quieras que te aprecie y esperas «comprar» su afecto o deseas que te perdone algo que le hayas hecho. Se trata de la misma bufanda y el mismo acto de regalar, pero la experiencia de recibir el regalo puede ser completamente distinta en cada uno de los casos. El filósofo romano Séneca coincidía con esta idea: «Un regalo no solo consiste en lo que se hace o se da, sino en la intención de quien lo hace o lo da». De hecho, es posible dar una bofetada a alguien pensando en sus mejores intereses. Hay algunas raras ocasiones en las que una bofetada puede ser la única manera de evitar que alguien se haga daño o se lo haga a otros, o de romper un círculo de autodestrucción. La bofetada motivada por el amor y el interés se recibirá de forma totalmente distinta de la bofetada dada en un arranque de ira.

Qué son los valores. Por qué son importantes

Los valores personales son las creencias, los principios o las ideas que son realmente importantes para ti en tu vida. Son algo en lo que crees, que defiendes y por lo que estás dispuesto a luchar (o, en algunos casos, algo a lo que te opones y contra lo que estás dispuesto a luchar). Tus valores te ofrecen un mapa de rutas para el tipo de vida que aspiras a llevar.

Los estudios realizados en los últimos diez años demuestran que el simple acto de priorizar los propios valores se traduce en menos estrés (Creswell *et al.*, 2005), mayor fuerza de voluntad (Schmeichel y Vohs, 2009), más naturalidad y menos arbitrariedad (Correll, Spencer y Zanna, 2004) y mayor precisión al disminuir actitudes defensivas (Legault, Al-Khindi e Inzlicht, 2012). Se ha demostrado incluso que el simple ejercicio de reflexionar y escribir sobre lo que realmente importa en la vida influye en la pérdida de peso. En 2012, investigadores de la Universidad de Waterloo, en Ontario y de la Universidad de Stanford propusieron a los sujetos de su estudio (45 mujeres) un ejercicio escrito sencillo sobre «afirmación de valores» y descubrieron que dos meses y medio después el grupo de control había aumentado una media de 1,25 kilos, mientras que quienes completaron el ejercicio perdieron una media de 1,5 kilos (Logel y Cohen, 2012). La muestra era muy pequeña y el ejercicio, muy simple, pero los resultados fueron asombrosos.

La psicología empezó a estudiar la importancia de los valores para el bienestar psicológico hace relativamente poco; sin embargo, las tradiciones religiosas siempre han destacado el papel que los valores desempeñan en una vida humana gratificante y ejemplar. En los retiros zen, hay un *gatha* tradicional que se suele recitar al final de un largo día de permanecer sentados meditando de forma intensiva:

Permíteme que con todo respeto te recuerde:
la vida y la muerte son de suma importancia.
El tiempo pasa rápidamente y las oportunidades se pierden.
¡Todos debemos intentar despertar!
Esta noche tus días se habrán reducido a uno.
Despierta, presta atención; no dilapides la vida.

En muchas religiones se utilizan las contemplaciones sobre la muerte para motivar una vida más consciente y ajustar las acciones diarias a los valores propios más profundos. Don Juan, el curandero de los libros de Carlos Castaneda, aconsejaba a su discípulo que llevara la muerte sobre el hombro izquierdo, como consejero y recordatorio permanente de lo que importa. En abril de 2013, el libro del pastor Rick Warren *The Purpose Driven Life* (Una vida con propósito) había vendido sesenta millones de ejemplares. Su magnífico éxito se puede considerar una señal de la necesidad profunda e imperiosa de vivir de acuerdo con nuestros valores.

Sin embargo, asumiendo que todas las grandes tradiciones coinciden con fuentes tan divergentes como las de Warren y Castaneda en que los valores son fundamentales para gozar de una vida buena y feliz, ¿por qué no es más fácil descubrirlos y seguirlos?

Valores, ética personal y equilibrio emocional

A las personas que poseen una fe religiosa profunda y perdurable les suele ser más fácil abrazar los valores y la ética que su tradición señala. Otras mantienen una relación con la religión que es, en el mejor de los casos, ambivalente y, en el peor, un rechazo. Estos sentimientos encontrados o incluso de aversión pueden complicar significativamente la aceptación de los valores y las costumbres de una determinada religión. Dependiendo de lo inconscientes que sean estos sentimientos, nos pueden conducir a la duda y hasta la parálisis. Paradójicamente, la mayoría de las religiones del mundo aceptan valores con los que todos estaríamos de acuerdo: amor, bondad, generosidad y compasión, pero, a veces, también tienden a fomentar cualidades menos deseables, desde la obstinación hasta el odio y la crueldad. Sin embargo, cuando, por este último motivo, la persona se rebela contra la religión, es posible que se encuentre batallando también con sus propios valores firmemente asentados y acabe, como dice el refrán, por arrojar al bebé (en este caso cualidades como la compasión y la bondad) con el agua de la bañera (las Cruzadas, la Inquisición y otros ejemplos de crueldad ejercida en nombre de la religión). Su santidad el Dalái Lama, conocedor de este problema, ha utilizado su popularidad en todo el mundo para difundir lo que él llama la «ética secular». La ética se puede entender como las acciones que se derivan de nuestros valores. «Mi religión es la bondad», afirma el Dalái Lama, quien no escatima esfuerzos para promover la compasión y la amabilidad, sin la más mínima intención de convertir a nadie al budismo.

Nos gustaría proponer que la base de este programa no es ni la ética religiosa ni la secular, sino la ética *personal*. Estos valores y principios solo pueden comprenderse bajo el crisol de tu corazón y de tu mente, y no deben ser aceptados por una fe ciega. Estas son las buenas y las malas noticias. La buena noticia es que no hay nadie contra quien rebelarse. La mala noticia —como habrás adivinado—, es que no hay nadie contra quien rebelarse. En nuestros cursos, solemos bromear con los alumnos, y les decimos que no somos su padre, su madre ni sus profesores. No se los va a calificar ni se les va a recriminar nada. Nadie se va a sentir decepcionado si no haces las prácticas... salvo tú mismo.

Cuanto más alineadas están nuestras elecciones con nuestros valores, mejor nos sentimos en general con nosotros mismos. Por otro lado, los actos que no se ajustan a los valores personales dan lugar a la culpa, el arrepentimiento, la inquietud, la preocupación, la paranoia, la desconfianza, el miedo y el recelo. Estos sentimientos, si uno no es consciente de ellos, suelen quedarse guardados en una «mochila invisible» que sin darnos cuenta llevamos a dondequiera que vayamos. Cuanto más pesa esa mochila, más difícil resulta estar en equilibrio.

La idea de ética personal puede comprenderse en términos prácticos y también en términos holísticos. En el otoño de 2004, Margaret entrevistó para la revista *Inquiring Mind* a Marshall Rosenberg, creador de la Comunicación No Violenta (CNV). A la revista le interesaba la entrevista porque en esa época muchas personas que practicaban la meditación *mindfulness* estudiaban CNV. Cuando Margaret le preguntó a Marshall sobre este tema, y si alguna vez meditaba, él le contestó: «Soy de Detroit, así que no uso la palabra *meditación*. Yo lo veo como poner en orden mis ideas. Y esto significa tener muy claro cómo elijo vivir antes de salir al mundo» (Cullen y Kabatznick, 2004).

Cuanto menos alineada esté tu vida con tus valores personales, más vulnerable eres al desequilibrio emocional. Pensemos de nuevo en ese caso hipotético de cuando llegabas a casa gritando. Si hubieras decidido claramente tus intenciones antes de cruzar la puerta –tal vez recordarte lo mucho que tu familia significa para ti o proponerte tener paciencia con tu pareja–, lo más probable es que no te hubieses mostrado tan impulsivo. Pero al no hacerlo, y comportarte con tanta dureza, lo más seguro es que te sintieras desconectado de la persona que quieres ser, y que de esta «brecha de integridad» nacieran sentimientos de desdicha y decepción.

En este libro de ejercicios, vamos a traducir conocimientos e ideas a experiencias de primera mano. En los primeros capítulos, has realizado algunos ejercicios con papel y bolígrafo. En este capítulo hemos incluido un experimento sobre la observación de la intención de moverte y también proponemos una observación de campo sobre las intenciones. Por último, a partir del próximo ejercicio, añadiremos prácticas formales, algunas de las cuales incluirán grabaciones en audio (los puedes bajar en http://cultivarlamente.com/libro-mindfulness-y-emociones/; al final del libro encontrarás información más detallada). En los componentes interactivos del cuaderno, empleamos conscientemente el lenguaje y las metáforas de la ciencia, porque queremos animarte a que seas como un científico en el laboratorio de tu corazón y tu mente. Algunas de las mejores actitudes que puedes aportar a esta experiencia son la curiosidad, la apertura mental, la honestidad, la integridad, el humor y la amabilidad. Todas ellas son de gran utilidad en el laboratorio y en la vida.

EJERCICIO 1

El pozo

(Encontrarás la grabación en
http://cultivarlamente.com/libro-mindfulness-y-emociones/)

Puedes acceder a la siguiente visualización guiada en el archivo de audio o bien leer las orientaciones que siguen a continuación y luego guiarte a ti mismo.

Conviene iniciar cualquier sesión de visualización o meditación guiada con tres respiraciones profundas. Al inhalar, procura dirigir el aire hasta el fondo del abdomen e imagina que llenas todo el torso con la respiración, desde el vientre hasta las clavículas, como llenarías una vasija con agua. A continuación, al exhalar, expele todo el aire desde el torso hasta llevar la parte inferior del vientre hacia la columna vertebral. Si puedes, deja que la exhalación sea más larga aún que la inhalación. Después de exhalar tres veces, permite que la respiración recupere el ritmo normal.

Ahora, con el ojo de la mente, imagina uno de esos antiguos pozos de agua, de los que se hunden en el suelo hasta llegar al agua fría y cristalina. Cierra los ojos un momento y hazte una imagen clara de la escena. Quizás una suave loma cubierta de hierba, un arco de piedra sobre el pozo y un cubo de madera. Fíjate en la temperatura, el cielo y cualquier otro detalle que te pueda situar en la escena. Enfrente de ti, en el suelo, hay una bonita piedra. Te inclinas y la tomas, sientes en la mano su textura, su temperatura, su forma y su peso. Como este es el mundo de la mente, en el que todo es posible, imagina que en la piedra hay grabadas unas preguntas: «¿Por qué estoy leyendo este libro? ¿Qué espero conseguir de él? ¿Qué anhela mi corazón?». Al arrojar la piedra dentro del pozo, escucha las respuestas que emerjan de él al chocar la piedra con la superficie del agua. Y después, a medida que se va hundiendo, observa si afloran a la superficie otras respuestas. Enlentecida por la propia densidad del agua, es posible que la piedra vaya golpeando las paredes del pozo, enviando diferentes respuestas mientras se va hundiendo más y más. Al final, llega al fondo. Escucha y

observa si emerge alguna otra respuesta a la pregunta: «¿Por qué estoy leyendo este libro?».
Escribe todas las respuestas que se te ocurran.

Notas

_____

_____

_____

_____

_____

_____

Estas respuestas pueden ser un punto de referencia mientras vayas leyendo este libro. Si aparecen resistencias a realizar alguna práctica (tenlo por seguro, aparecerán), te puede ser útil volver a conectar con las intenciones que te llevaron a leerlo. Si tu intención es buscar la ecuanimidad, el equilibrio, la paz mental, etc., recuerda con frecuencia estas intenciones para apoyar tu determinación a cultivar estas cualidades.

EJERCICIO 2

Las tres preguntas

*(Encontrarás la grabación en
http://cultivarlamente.com/libro-mindfulness-y-emociones/)*

Este ejercicio, como la mayoría de las visualizaciones guiadas, funciona mejor si te tomas unos minutos para recolectar y relajar tu mente. Se lo oímos por primera vez al erudito y maestro budista B. Alan Wallace. También aquí es posible que te sea más fácil escuchar la meditación guiada en la web con los audios del libro, pero te ofrecemos a continuación algunas orientaciones escritas. En ambos casos, te animamos a que escribas las respuestas de las preguntas en el espacio correspondiente.

Empieza por las tres respiraciones que te explicábamos antes, y luego imagina un espacio hermoso de la naturaleza, donde te puedas tumbar de espaldas en el suelo o sobre una manta y contemplar toda la inmensidad del cielo azul. Escoge un punto en que te sientas perfectamente cómodo y crea en el entorno imaginario unas condiciones en que se puedan relajar la mente y el cuerpo y sea posible abrir los sentidos. Una vez más, te puede ayudar que cierres los ojos unos minutos para situarte plenamente en la escena.

Ahí tumbado, contemplando plácidamente el cielo con el ojo de la mente, reflexiona sobre las tres preguntas siguientes, pero no escribas las respuestas hasta el final:

1. Si cualquier cosa fuese posible, ¿qué quisieras recibir del mundo? Deja que la imaginación sea tan amplia como el cielo y que la respuesta surja sin restricciones. De momento, no existe respuesta correcta ni incorrecta, ni hay nada que corregir o de qué avergonzarse.

2. Si pudieras crecer y florecer como ser humano de cualquier manera posible, sin límites de ningún tipo, ¿cómo te gustaría desarrollarte en esta vida? ¿Qué cualidades quisieras fortalecer y alimentar?

_____

_____

3. Si pudieras ofrecer cualquier cosa al mundo, ¿qué te gustaría regalar? ¿Cómo quisieras aportar al mundo y cómo quisieras ser recordado? Deja de nuevo que la respuesta llegue sin censuras, tal como surge en la privacidad de tu corazón y tu mente.

_____

_____

_____

_____

_____

Repite estas preguntas siempre que lo desees, cuando necesites una dosis de inspiración. También puede ser útil volver a formulártelas cada cierto tiempo para refrescar tus intenciones y observar qué valores fundamentales se mantienen a lo largo del tiempo.

OBSERVACIÓN DE CAMPO
Definir intenciones

Estas observaciones de campo pretenden ser una forma divertida y sencilla de incorporar las ideas y los conceptos de este libro a tu vida cotidiana. Pero no dejes que esa aparente sencillez te confunda. Es fácil que la mente rechace lo sencillo por creer que es algo carente de valor, pero en este caso nada podría estar más lejos de la verdad.

Esta semana, cada vez que te acuerdes, define alguna intención, basándote en las respuestas que surgieron en la visualización guiada anterior. Por ejemplo, podrías decidir intentar ser más amable, más paciente, más compasivo o más generoso. Lo que te sugerimos es proponértelo todas las mañanas. Si te sirve de ayuda, escríbelo en una nota adhesiva y colócala donde la puedas ver. Si te olvidas de conectar con tu intención a primera hora en la mañana, puedes recordarlo después, en cualquier otro momento. No es tu tarea evaluar lo bien que lo hiciste, sino simplemente que conectes con una intención.

Utiliza el espacio siguiente para anotar tus propósitos y cualquier cosa que hayas observado a lo largo del día que pudiera ser consecuencia de haberte fijado esas intenciones.

Notas de campo

_____

_____

_____

_____

_____

_____

_____

Los pensamientos, las palabras y las acciones se mueven por la fuerza de nuestras intenciones. Aunque no seamos plenamente conscientes de ellas, las intenciones impulsan efectivamente nuestros actos y determinan sus consecuencias. Cuando son inconscientes, suelen ser fruto del hábito y el condicionamiento, más que de los valores fundamentales que hayamos escogido. Estos valores, a su vez, representan las creencias, los principios o las ideas fundamentales que defiendes y que guían tu vida. Reflejan aquello que realmente te importa y por lo que estás dispuesto a luchar.

Aclarar tus intenciones y alinearlas con tus valores fundamentales es una estrategia importante para el cultivo del equilibrio emocional, porque reduce la reactividad emocional y pone un alto a la espiral anímica que puede llevarte a sentimientos de agobio y desconcierto. Y recordar y alimentar tus valores personales mejora el bienestar psicológico y aumenta la resiliencia.

Aunque a menudo se la ha asociado al ámbito de la religión y el de la filosofía, la ética puede ser religiosa, secular o personal, dependiendo de tus valores y de tu tradición. Los valores evolucionan y cambian con el tiempo; por lo tanto, es importante mantener una conversación interior viva, fresca y abierta *sobre lo que realmente te importa en la vida.*

Segunda parte

EL PROGRAMA

E n esta parte del libro emprenderás un viaje de ocho semanas hacia una mayor felicidad, libertad y equilibrio emocional. Cada ejercicio, experimento y práctica está diseñado para estimular y profundizar tomas de conciencia que tengan el potencial de transformar tu vida. En algunas pocas personas, este cambio se produce de forma espectacular, como si les tocase un rayo. Para la mayoría de nosotros, sin embargo, se trata de un cambio gradual, casi imperceptible, como quien se empapara por estar expuesto a la niebla y no por un chaparrón. Comoquiera que se produzcan estas tomas de conciencia, pocas veces basta con tener solo una comprensión intelectual. Del mismo modo que leer la carta de un restaurante no es lo mismo que degustar sus platos, leer sobre el perdón no es lo mismo que *perdonar*.

Antes de comenzar cualquier programa de cambio, es conveniente partir de la realidad. Somos humanos, y siempre lo seremos: imperfectos, hermosos, insondables, anhelantes, complejos, multidimensionales y dinámicos. Las expectativas idealizadas e inconsistentes con la realidad llevan al fracaso y la desilusión –considera el mito del «y vivieron felices para siempre» y qué alejado está de la realidad del matrimonio–. Pero cuando inevitablemente fracasas en tus intentos de vivir de acuerdo con tus expectativas, existe un refugio en el que siempre te puedes cobijar: comenzar de nuevo. Jack Kornfield lo expresa perfectamente cuando expresa: «Los humanos tenemos esta asombrosa capacidad de renacer todos los días a la hora del desayuno, y decir: "Es un nuevo día. ¿Quién voy a ser?"»

En un ámbito más pragmático, es muy útil disponer de un lugar tranquilo y agradable donde practicar, donde puedas acceder fácilmente a las grabaciones y estar relativamente libre de distracciones, y reservar un tiempo para practicar cada día, no importa cuál sea. Para la mayoría de las personas, levantarse veinte minutos antes todos los días es la mejor forma de ser constantes.

Por último, precisamente porque el proyecto de encontrar equilibrio emocional y cultivar la atención plena es algo serio, y puede ser incluso lo más trascendental que hagas jamás, es importante ser liviano y conectar con el humor cuando te sea posible. En palabras de Aung San Suu Kyi, quien recibiera el Premio Nobel de la Paz por su lucha no violenta por el establecimiento de la democracia y el respeto de los derechos humanos en Burma: «El humor es uno de los mejores ingredientes para la supervivencia».

Capítulo 4

Aprendiendo a prestar atención

Una respiración a la vez

Ahora que has clarificado tus intenciones, el paso siguiente hacia el cultivo de *mindfulness* y el equilibrio emocional es el entrenamiento de la atención. Cada práctica contemplativa exige desarrollar esta habilidad, que, una vez aprendida a través de la práctica de meditación, se puede aplicar a la vida cotidiana, cuando realmente la necesitamos. Volviendo a la imagen del barco, el capitán no puede navegar si no sabe prestar atención a todas las circunstancias: el tiempo, el mar, el cielo, etc. Si estás leyendo este libro, es probable que te sientas a veces sacudido por tus emociones. Sea que estés lidiando con la ansiedad, la ira, la tristeza o el miedo, es posible sentirse relativamente tranquilo y sereno, incluso en medio de estas emociones. La atención es la clave de esta extraordinaria afirmación.

En este capítulo, analizaremos cómo se puede ejercitar la atención utilizando la respiración y el cuerpo como la primera base o *fundamento* para el entrenamiento en *mindfulness*. De hecho, trabajar con la respiración probablemente es el método más universal para la regulación de las emociones. Pero antes de proseguir, empecemos con un breve experimento.

EXPERIMENTO
Observa tu respiración

Sin cambiar la posición del cuerpo ni el modo de respirar, fíjate en cómo estás respirando en este momento. Hazlo sin enjuiciar, como lo haría el científico que observa un fenómeno natural en el laboratorio, notando cómo respiras. ¿Es una respiración profunda o superficial? ¿Larga o corta? ¿Respiras por la boca o por la nariz? Dedica sesenta segundos a observarlo. ¿Dónde sientes más la respiración? Tal vez en el pecho o en el vientre; o quizás la sientas más en la nariz o la garganta. Dedica otros sesenta segundos a observar las sensaciones de la respiración y escribe unas notas sobre lo que hayas observado.

Notas

_____

_____

_____

_____

_____

_____

_____

LA ATENCIÓN: EL MÚSCULO QUE DA FUERZA A TODO

La mayoría de las personas convienen en que poco se puede conseguir en la vida, y menos aún durante la meditación, sin la capacidad de prestar atención. En un intento trágicamente equivocado de querer hacer lo máximo que sea posible, muchas veces nos enorgullecemos de la multiplicidad de tareas que podemos llevar a cabo al mismo tiempo. Recientemente, estudios científicos han empezado a sugerir lo que los maestros de la meditación hace miles de años ya saben: la multitarea es un mito, solo podemos prestar atención de verdad a una cosa a la vez (Wang y Tchernev, 2012). Prestar atención debería ser como respirar: algo natural, no forzado y que no requiere ningún esfuerzo. Pero dirigir la atención a donde queremos que vaya, y mantenerla ahí el tiempo que deseemos, no es tan fácil. Al fin y al cabo, ¿alguna vez te enseñaron a prestar atención? ¿O siquiera te explicaron qué es la atención?

En 1890, el psicólogo y filósofo William James definía así la atención:

La toma de posesión por parte de la mente, de forma clara y vívida, de uno de los varios objetos o líneas de pensamiento que parecen posibles simultáneamente. La focalización, la concentración y la conciencia forman parte de su esencia. Implica prescindir de unas cosas para ocuparse efectivamente de otras, y es una condición cuyo verdadero opuesto es el estado de confusión, aturdimiento o dispersión.

James hablaba de la importancia de la atención en nuestra vida en estos términos:

La facultad de traer de vuelta voluntariamente la atención dispersa, una y otra vez, es la propia raíz del juicio, el carácter y la voluntad. Nadie es *compos sui* [dueño de sí mismo] si no la posee. La educación que mejorara esta facultad sería la educación *par excellence*. Pero es más fácil definir este ideal que dar orientaciones precisas para alcanzarlo (James, 1890, pág. 424).

Evidentemente, tiene razón. A la mayoría de las personas nunca se nos han dado orientaciones prácticas para prestar atención. Incluso en este tiempo de tutorías, talleres y autoayuda, nunca hemos visto un curso sobre «prestar atención». Aquí es exactamente donde la meditación entra en escena.

Cómo entrenamos la atención

La mejor forma de empezar el entrenamiento de la atención es centrándonos en las sensaciones que la respiración produce en nuestro cuerpo. En el budismo, la atención plena del cuerpo es el primero de sus «cuatro fundamentos» —los otros tres son la atención plena de las sensaciones, la de la mente y la de los *dharmas* (factores mentales).

Hay varias razones prácticas para escoger la respiración como la fase inicial de la formación de la atención. En primer lugar, las sensaciones de la respiración son relativamente más concretas y tangibles que el resto de las sensaciones, los pensamientos y las emociones, lo cual facilita que se puedan utilizar como ancla para traer de vuelta la atención una y otra vez. Al prestar atención a la respiración, además, la desviamos de la cabeza, permitiendo así el acceso a una perspectiva distinta, más física y experiencial.

En segundo lugar, la respiración, que está presente mientras estés vivo, suele ser algo bastante neutro, que no provoca fuertes sentimientos de placer ni de rechazo, lo cual hace más fácil estabilizar la mente. Aunque sean más o menos sutiles, siempre hay sensaciones asociadas a la expansión de la inhalación y la contracción de la exhalación. En tercer lugar, la mayoría de las veces, respirar no requiere ningún esfuerzo. En cuarto lugar, tiende un sutil puente de integración y equilibrio entre diversos pares de opuestos: la actividad mental y los estados corporales, las funciones voluntarias e involuntarias del cuerpo y las ramas simpática (luchar o huir) y parasimpática (descansar y digerir) del sistema nervioso autónomo.

Por último, aunque igualmente importante, la respiración es la estrategia más simple, rápida y a menudo accesible para regular la emoción. Resulta bastante obvio que la respiración se acelera y se hace más superficial ante emociones fuertes, como el miedo o la ira. A todos nos han dicho alguna vez que nos detengamos y respiremos profundamente para recuperar la compostura cuando somos presa de alguna de esas emociones. Y no hay duda de que dos o tres respiraciones largas, lentas y profundas suelen ser útiles para navegar por un sentimiento intenso.

Así pues, sabemos lo que hay que hacer, y sabemos que funciona: ¿dónde está, entonces, el problema? Tal vez el problema radique en que es difícil acordarse de hacerlo, porque la mente y el cuerpo están preparados para perpetuar la emoción. También pudiera ser que la simplicidad de la estrategia nos confunda y la rechacemos por ser demasiado obvia o por no parecer lo suficientemente potente para afrontar el desafío del estado en que nos encontremos. Cualquiera que sea la razón, *mindfulness* de la respiración no solo nos ayuda a ejercitar la atención, sino que fortalece las vías neuronales que nos recordarán enfocarnos en la respiración, facilitando así el acceso a esa estrategia cuando nos sentimos atosigados o descontrolados.

EJERCICIO

Mindfulness de la respiración

Encuentra una postura que te permita estar a la vez relajado y alerta. Estira un poco la columna vertebral y rota ligeramente los hombros hacia atrás y hacia abajo, abriendo el pecho y relajando el vientre. Empieza con tres respiraciones profundas y purificadoras. Después de la tercera exhalación, deja que la respiración recupere el ritmo normal. Con toda la paciencia y delicadeza que tengas, centra tu atención en las sensaciones de expansión y contracción del vientre mientras respiras. Tanto como puedas, suelta completamente el control de la respiración, dejando que sea profunda o superficial, brusca o suave, rápida o lenta. Imagina que la atención surfea las olas de la respiración del mismo modo que el barco lo hace con las olas del mar, siempre en contacto con todo el arco de la ola, de la cresta a la base. Realiza esto durante unos cinco minutos antes de seguir leyendo.

Cuando termines, considera las siguientes preguntas: ¿notas algún cambio en el cuerpo después de practicar la conciencia de la respiración durante algunos minutos? ¿La mente permaneció todo el tiempo centrada en la respiración? ¿Estuvo vagando por fantasías, recuerdos, planes, imágenes u otros contenidos mentales? Escribe a continuación las respuestas a estas preguntas.

Notas

_____

_____

_____

_____

_____

_____

_____

Al probar por primera vez este ejercicio aparentemente fácil, lo habitual es que las personas se sorprendan de lo muy ocupada que está su mente. Si te fue difícil sentir una inhalación completa antes de que la mente partiera de viaje, estás en buena compañía. En los textos clásicos del budismo sobre las primeras fases del entrenamiento de la atención se compara la mente con una catarata. En la tradición india del yoga, la imagen es menos poética pero más divertida: la mente no entrenada es como el mono borracho que salta de rama en rama, mientras un escorpión le pica en la cola.

Llegamos así a un punto sobre el entrenamiento en _mindfulness_ que es de suma importancia: el mayor obstáculo para la meditación es la idea equivocada de que la divagación mental es un problema que hay que resolver. Sí, lo has entendido bien: la divagación de la mente _no_ es un problema. Es sencillamente la naturaleza de la mente. Nuestra mente fabrica pensamientos; este es su trabajo. Como la meditación no «compra sus productos», es probable que la mente ponga aún mayor empeño y elabore no solo más pensamientos, sino pensamientos más atrayentes y seductores.

Pues bien, la atención se entrena llevando la conciencia a la respiración siempre que te des cuenta de que la mente se ha puesto a divagar. De esta forma, cada vez que la mente se escapa, se abre una nueva oportunidad de entrenar la atención, esa misma capacidad que es «la propia raíz del juicio, el carácter y la voluntad», como señaló William James. Existen tres pasos reiterativos en el proceso de entrenamiento de la mente para que prestes atención a algo determinado (como la respiración o las sensaciones corporales); y en este proceso, la distracción no es un obstáculo, sino lo que realmente nos permite formar el músculo de la atención:

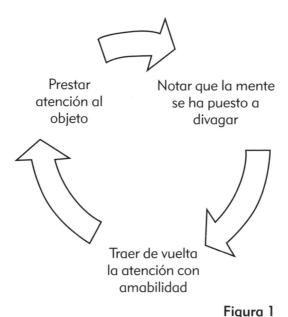

Prestar atención al objeto

Notar que la mente se ha puesto a divagar

Traer de vuelta la atención con amabilidad

Figura 1

Al repetir estos pasos muchas veces —tal vez cientos de veces— durante una sesión de meditación, es fundamental mantener una actitud amable y exenta de juicios contigo mismo. Aquí, las ideas de perfección, éxito y fracaso simplemente no funcionan, porque no puedes obligar a la mente a que permanezca inmóvil y obediente. La meditación es como entrenar a un cachorro. ¿Cómo te relacionarías con un cachorro que, mientras le enseñas a estarse quieto, no deja de corretear de un lado a otro? Si te enfadas, lo juzgas y te impacientas, el perrito no confiará en ti, te tendrá miedo y te guardará rencor, pero si lo tratas con paciencia, humor, cariño y una dirección firme, es más probable no solo que veas los resultados que deseas, sino que también te ganes un fiel amigo.

La mente es asimismo un animal muy sensible. Por lo tanto, su educación requiere la misma actitud sensata, amable y firme. Tal y como no te tomarías las reacciones del cachorro como algo personal, es sabio que tampoco lo hagas con tu propia mente, recordando que la divagación mental es un fenómeno universal. Según algunos investigadores, la divagación de la mente ocupa hasta un 47% del tiempo que pasamos despiertos (Killingsworth y Gilbert, 2010); otros calculan que la mente produce entre doce mil y setenta mil pensamientos al día. Los estudios actuales sugieren que la divagación mental es el modo de funcionamiento por defecto de nuestro cerebro (Hasenkamp *et al.*, 2012), una conclusión de la que no cabe extrañarse.

De modo que no se trata de *tu mente*, sino que es *la naturaleza de la mente*. Simplemente acepta la divagación mental como parte del proceso de la meditación, en vez de combatirla como algo pernicioso que deba quedar fuera de la habitación donde medites. Notar la respiración, percibir cómo la mente se dispersa y traerla de vuelta con amabilidad son componentes igualmente importantes del entrenamiento de la atención.

Teniendo presentes estas estrategias, repite el ejercicio anterior. Programa tres minutos en el reloj o el cronómetro y observa qué sucede con tu práctica.

¿Cómo te fue esta vez?

REIVINDICAR TU CUERPO VIVIENTE

La conciencia de la respiración será la base de casi todas las prácticas de meditación que aprenderás en este programa, pero el ejercicio que esta semana te invitamos a realizar en casa se centra en prestar atención a las sensaciones físicas mediante la práctica del escáner corporal.

Examinar el cuerpo es una práctica muy importante. En un determinado nivel, te ayudará a entrenar las habilidades de la atención llevando la conciencia una y otra vez a las sensaciones físicas. En otro nivel, más profundo, esta práctica sumamente sanadora te ayudará a reconectar con tu cuerpo y habitarlo de nuevo desde dentro.

Vivimos en una cultura en la que es habitual descuidar el cuerpo. Desde una época moralista en que se consideraba la prisión del alma y fuente de todos los pecados, hemos pasado a una era altamente tecnológica en que la vida virtual parece que ocupa más espacio que la vida real. Pasamos muchas horas sentados frente a algún tipo de pantalla en posturas muchas veces dañinas, una realidad que nos puede desconectar del cuerpo. Y cuando no escuchamos las sensaciones que experimenta, perdemos la capacidad de interpretar los mensajes que intenta transmitirnos. En cierto modo, una sensación desatendida es como una carta que nos hemos enviado a nosotros mismos pero que nunca hemos abierto.

En el trabajo de Margaret con pacientes de cáncer, es desgarrador ver todo el sufrimiento que la autocondena y la culpa añaden a las ya difíciles circunstancias de la enfermedad y su tratamiento. Los sentimientos de culpa, traición y odio a uno mismo son, para muchas personas, más dolorosos que la quimioterapia y la radioterapia. Cientos de pacientes de cáncer han seguido el programa que tú inicias ahora, y no deja de asombrarnos el poder de la atención plena para aliviar el sufrimiento mental y emocional que se «añade» a la experiencia del cáncer.

Bastante a menudo, cuando una persona se da cuenta de que debe prestar atención a su cuerpo, tiende a verlo *desde fuera*, centrándose sobre todo en su aspecto y su imagen. Desde esta perspectiva, el cuerpo se ve como un objeto que necesita algún tipo de ajuste o mejora: reducir la grasa, aumentar la capacidad aeróbica, cambiar el color del cabello, etc. De esta forma, se convierte en «algo» que hay que manipular. En las prácticas de *mindfulness*, hacemos todo lo contrario: todo ejercicio de atención plena es una *práctica corporeizada*, una aproximación a la experiencia *desde dentro* en la que el foco se pone en la experiencia vivida del cuerpo.

Francisco Varela, destacado biólogo molecular, practicante de la meditación y cofundador del Instituto Mente y Vida, solía usar una distinción presente en la lengua alemana que refleja esas dos aproximaciones al cuerpo, una distinción que no existe en castellano. La palabra alemana *Körper* se refiere al cuerpo como estructura u objeto, y se emplea para hablar de un cadáver o del cuerpo de otra persona. En cambio, *Leib* se refiere al cuerpo viviente de la experiencia directa, el cuerpo de las sensaciones y los sentimientos mediante los que vivimos. No es casualidad que la palabra *Leib* se parezca a la inglesa *life* (vida), porque ambas tienen idéntica raíz: *lif* en inglés antiguo, que significa «persona-yo constituida por la cualidad de ser una vida». Observa el contraste con la palabra *body* (cuerpo), que procede del inglés antiguo *bodig*, que significa «barril» o «tonel».

Con la práctica de la atención plena y la conciencia de nuestras sensaciones corporales, recuperamos activamente el cuerpo como una dimensión preciosa de la vida (incluso durante una enfermedad grave), poco a poco sintonizándonos con nuestra experiencia y alejándonos de la objetificación y manipulación de nosotros mismos.

PRÁCTICAS DE LA SEMANA 1

PRÁCTICA DE MEDITACIÓN

El escáner corporal

(Encontrarás la grabación en
http://cultivarlamente.com/libro-mindfulness-y-emociones/)

Esta es la primera práctica formal de mindfulness que aprenderás en este programa. Puedes practicar el escáner corporal siguiendo las instrucciones escritas que te damos a continuación o escuchando la guía en audio. Siempre que puedas, te aconsejamos que lo hagas con este último, porque pocas veces funciona leer una meditación y luego memorizarla lo suficiente como para realizarla solo. El consejo general para todas las prácticas de esta parte del libro es llevarlas a cabo de forma regular, una vez al día durante toda una semana si es posible, antes de pasar al capítulo o la práctica siguientes. Si no lo puedes hacer así, intenta practicar con la mayor frecuencia posible. Recuerda que lo que obtengas de las prácticas depende de cuánto te comprometas con ellas.

El escáner corporal es una práctica importante de mindfulness porque con él puedes adquirir mayor conciencia de lo que ocurre en el interior de tu cuerpo momento a momento y alejarte del pensamiento casi constante y de otros procesos que se desarrollan exclusivamente en la cabeza.

Algunas personas encuentran el escáner corporal muy relajante, y no es raro quedarse dormido a veces. Ya sea que te relaje o no, ten siempre en cuenta que este no es un ejercicio de relajación, sino una práctica de la conciencia en la que entrenamos la mente para que entre en contacto con la experiencia de este momento sin juicios. En el escáner corporal, no hacemos contracción y relajación de los músculos como harías en algunas técnicas de relajación. Escanear el cuerpo consiste simplemente en tomar conciencia de cómo se siente este en el momento presente, sin intentar cambiar nada.

Si eres capaz de tumbarte en el suelo sin quedarte dormido, échate de espaldas y con los brazos separados unos cuarenta y cinco grados del cuerpo (las palmas de las manos hacia arriba) y, si necesitas estar más cómodo, colócate una almohada debajo de la cabeza y otra debajo de las rodillas. O quizás prefieras escanear el cuerpo sentado, manteniendo la columna razonablemente recta. Deja que los ojos se cierren suavemente.

- Empieza por prestar atención a los dedos del pie izquierdo. Observa cualquier sensación que notes en ellos. Es tan habitual dar por supuesta la existencia de los dedos de los pies que, si no nos duelen, no nos damos cuenta de que están ahí. Fíjate en todo lo que sientes en ellos ahora mismo, en este preciso instante, sin intentar juzgarlo ni cambiar nada. Si notas que las sensaciones de los dedos varían, toma conciencia de ese cambio sin tratar de controlarlo.
- Ahora dirige la atención al empeine del pie izquierdo, tomando conciencia de lo que sientas en él ahora mismo, fijándote en cualquier sensación que aparezca, como la de la piel al estar en contacto con los calcetines, o las sensaciones de calor o frío, presión, tensión, hormigueo, picor, etc.
- Cada vez que observes que la mente se aleja de la parte del cuerpo en la que estés concentrado, simplemente reconoce que se ha

puesto a divagar y tráela de vuelta con amabilidad al cuerpo. Al hacerlo, no te agobies ni enfades por perder la concentración; limítate a centrar de nuevo la atención en el cuerpo y, sin enjuiciar nada, sigue escaneándolo.

- Continúa así, despacio, por todo el cuerpo, subiendo por la pierna izquierda hasta la pelvis, y después por la derecha, empezando por los dedos del pie. Luego concentra la atención en las diversas zonas del torso, el abdomen, la parte inferior de la espalda, la parte superior, el pecho y los hombros. Baja por ambos brazos hasta los dedos de las manos y pasa después al cuello y la garganta y todas las áreas de la cara. Termina con la espalda y después la parte superior de la cabeza.

- Al ir recorriendo el cuerpo, no tiene por qué ocurrir nada especial. La mayor parte de lo que notes serán sensaciones muy sencillas: presión, contacto, hormigueo, calor, frío, suavidad, pesadez, liviandad, etc. Si en alguna parte del cuerpo no notas ninguna sensación, simplemente obsérvalo, tal vez empleando una etiqueta mental como «entumecido» o «en blanco». Si en otros lugares sientes dolor o alguna otra sensación, reconoce la experiencia y vuelve con delicadeza la atención a la parte del cuerpo que estás recorriendo con tu conciencia.

- Deja que la atención se detenga en la parte superior de la cabeza y a continuación amplía la esfera de la conciencia para incluir la respiración. Imagina que respiras a través de todo el cuerpo, empezando por la cabeza y bajando hasta los dedos de las manos y de los pies. Al inspirar, deja que el aire llene todo el cuerpo. Al espirar, deja que salga desde todo el cuerpo.

- Puedes permanecer en ese estado de quietud durante algunos minutos.

- Cuando estés preparado, trae de vuelta tu atención a todo tu cuerpo, empezando a mover los pies y las manos. Tal vez quieras mover también los brazos y las piernas, estirarte o rodar de un lado a otro sobre la espalda.

- Abre poco a poco los ojos y devuelve la conciencia al espacio a tu alrededor.

El escáner corporal: preguntas frecuentes

Lo que sigue son comentarios y preguntas que las personas suelen compartir después de realizar la práctica del escáner corporal por primera vez, con algunas respuestas que te podrían ser útiles. Te animamos encarecidamente a que realices la práctica al menos una vez antes de leer las preguntas y respuestas, para que las puedas comparar con tu propia experiencia. Algunas preguntas no coincidirán con lo que a ti te ocurra, y esto es perfectamente normal.

- «*Sigo pensando en otras cosas y me cuesta concentrarme en el cuerpo*».
  Ocurre muy a menudo, porque pensar y divagar es propio de la naturaleza de la mente. De ahí que la actitud del no juicio sea tan útil; sin criticarte ni enojarte contigo mismo, simplemente nota que la mente se ha dispersado y, a continuación, vuelve a centrarte en tu cuerpo. Es una parte normal de la práctica y no significa que hayas hecho algo mal. En realidad, no se puede controlar lo que entra en la mente, pero sí se la puede entrenar para que haya mayor control sobre lo que ocurre después, lo cual, a su vez, establece el hábito de devolver el foco al cuerpo sin juicios.

- «*Me distraía el dolor que sentía en*_____ *(la pierna, el cuello, etc.)*».
  También es algo muy común. Algunas personas sufren algún dolor permanente que la atención agudiza durante el escáner corporal y otras sienten dolores que nunca han tenido antes. ¿Cómo te relacionaste con ese dolor? Frecuentemente tenemos aversión al dolor físico y a la distracción mental, y esta aversión suele aumentar el dolor y generar más pensamiento discursivo. Cuando notes que algo te duele, practica seguir devolviendo la atención a la parte del cuerpo que nombren las instrucciones. Tal vez tengas que concentrarte una y otra vez, pero esta es una parte muy útil de la práctica. No ignores el dolor ni trates de eliminarlo, simplemente observa cómo llama tu atención y luego, como mejor puedas, vuelve a centrar tu atención en la parte del cuerpo a la que le corresponda. Cuando el escáner llegue a la parte que duele, mantente abierto a cualquier sensación que puedas experimentar. Procura inhalar y exhalar en esta zona y

observa con curiosidad cómo pueden cambian las sensaciones de dolor. Luego, a medida que avance el escaneado, continúa con la siguiente parte del cuerpo.

- «¿Y si no siento alguna parte del cuerpo?».
Limítate a observar que no sientes nada y mantén la conciencia de este «no sentir» sin juzgarte ni intentar sentir algo que no existe. Recuerda que la práctica no se trata de crear ninguna sensación especial ni distinta y que cualquier cosa que experimentes en cada momento es exactamente como debiera ser en esta práctica. Por último, algunas veces descartamos o ignoramos ciertas sensaciones porque pensamos que son demasiado evidentes o simples, como la que produce el contacto de la ropa con la piel o la de pesadez debida a la gravedad. Mientras vas practicando de forma regular, observa si se va agudizando la atención, permitiéndote percibir estas sutiles sensaciones.

- «¿Qué debo hacer si me quedo dormido?».
También la somnolencia es muy habitual durante el escáner corporal. Todo lo que experimentes en este proceso se puede entender como información que el cuerpo te proporciona. Tal vez no hayas dormido lo suficiente últimamente, o quizás no es el mejor momento del día para realizar este ejercicio. Cualquiera que sea la razón de ese sopor, acepta el escáner corporal de hoy tal como es, sin castigarte ni juzgar tu «rendimiento». La modorra es uno de los principales obstáculos a los que se enfrenta la mayoría de los meditadores, y hay muchas estrategias para resolverla. Puedes probar a sentarte, abrir los ojos, hacer unas cuantas respiraciones profundas u observar con curiosidad lo que te sucede (la energía suele seguir a la curiosidad). Incluso puedes jugar a notar en qué parte del cuerpo te sueles quedar dormido. Mantener una actitud liviana y juguetona nunca está de más.

- «Me sentía agitado y nervioso».
La agitación es el otro gran desafío. Hay diversas estrategias para abordarla. Puedes intentar hacer varias respiraciones profundas

y observar si así eres capaz de relajar conscientemente distintos músculos que puedan estar tensos. Muchas veces, la agitación se alimenta de la resistencia a algún aspecto de la experiencia. Ve si estás peleando contra la mente pensante, o si existe algún sentimiento doloroso oculto bajo la superficie que estés evitando, como la tristeza o el miedo. Recuerda que no es ningún problema que la mente se distraiga, y no es necesario deshacerte de tus pensamientos. Simplemente nota «pensando» y trae la atención de vuelta al cuerpo, dejando que los pensamientos se vayan por sí mismos.

- «*Me distraían fuertes sentimientos de tristeza, ira, miedo...*».
Las estrategias antes señaladas para ocuparte de la agitación y el nerviosismo son útiles cuando aparecen emociones intensas durante el escáner. Sin eliminar la emoción ni darle vueltas a lo que haya ocurrido, intenta observar y nombrar mentalmente la emoción, y luego vuelve a centrar la atención en el cuerpo. Más adelante exploraremos cómo llevar la atención plena a las propias emociones.

Registro de prácticas

Cada día que practiques el escáner corporal, completa el siguiente registro. Hacer un seguimiento de los descubrimientos que surjan con las prácticas te ayudará a integrar lo que vayas aprendiendo de tu experiencia. Encontrarás copias adicionales de este registro en http://cultivarlamente.com/libro-mindfulness-y-emociones/.

Día y hora	¿Qué observé en mi experiencia con esta práctica?

Día y hora	¿Qué observé en mi experiencia con esta práctica?

OBSERVACIÓN DE CAMPO
Nota la cualidad de la respiración

Observa la cualidad de tu respiración todos los días. Siempre que te acuerdes durante el día, haz un chequeo rápido de la respiración. ¿Es larga o corta? ¿Profunda o superficial? ¿Tienes el pecho y los hombros abiertos o cerrados? ¿Tu forma de respirar responde de algún modo a cómo te sientes? De ser así, ¿de qué modo?

Notas de campo

_____

_____

_____

_____

_____

_____

OBSERVACIÓN DE CAMPO

Estar presente en los detalles

Escoge una pequeña actividad diaria y procura dedicarle toda tu atención. Puede ser cuando te cepillas los dientes, cuando te pones los zapatos, cuando cortas las verduras, mientras te duchas o al salir del aparcamiento para subir al despacho. Sea lo que sea, intenta dedicarle la misma atención amable y paciente a la mente dispersa como cuando practicas la conciencia de la respiración. Cuando veas que la atención está en otra parte, tráela de vuelta a las sensaciones del cuerpo que acompañan a esa actividad.

Notas de campo

_____

_____

_____

_____

_____

La atención es la capacidad de centrar tu mente a voluntad en un determinado objeto. Se trata de una destreza fundamental necesaria para cualquier tipo de aprendizaje efectivo. La capacidad de prestar atención es esencial para el equilibrio emocional, porque te da la libertad de enfocar la mente de manera constructiva, en vez de estar constantemente distraído por estímulos aleatorios internos o externos.

La respiración y el cuerpo son lugares magníficos donde empezar a entrenar la atención mediante las prácticas de la conciencia plena de la respiración y el escáner corporal. Uno de los mayores obstáculos para el entrenamiento de la atención es la equivocada idea de que la divagación mental es un problema que hay que solucionar. La divagación mental es un fenómeno natural, y reconocerla como tal constituye un paso importante en el entrenamiento de la atención.

El escáner corporal y otras prácticas de atención plena corporeizada nos permiten conectar de nuevo con la experiencia de estar vivos y reconocer que el cuerpo no es un mero objeto. A partir de este capítulo, te animamos a que practiques de forma regular ya que es la mejor manera de obtener los beneficios que esperas de este programa.

Capítulo 5

Las sensaciones: agradables, desagradables y neutras

Donde comienzan los problemas

E l «tono de las sensaciones» se puede definir como los *sabores* que acompañan a cada momento de la experiencia, sean los que llegan a través de los cinco sentidos (vista, oído, olfato, gusto y tacto) o los que se generan en la mente —a veces considerada el sexto sentido porque también «percibe» las experiencias mentales—. Esto implica que no solo hay sonidos, olores o sabores, sino también pensamientos, recuerdos y planes agradables, desagradables y neutros.

En la filosofía budista, las sensaciones agradables, desagradables o neutras (Skt. *vedana*) constituyen el segundo de los cuatro fundamentos de *mindfulness* antes mencionados. Estos fundamentos son los ámbitos de experiencia a los que es especialmente útil prestar atención para liberar la mente de la codicia, la aversión y la confusión (o ignorancia), los «tres venenos» de la mente. Resulta que al menos dos de estos tres «venenos», como se los suele llamar, también son responsables directos de buena parte de la agitación emocional. Lo más probable es que si te sientes inquieto es porque deseas algo que *no tienes* (codicia) o no quieres algo que *tienes* (aversión). Prestar atención a los tonos de las sensaciones, por muy sutiles que sean, puede ser un medio perfecto para prevenir el desgaste emocional.

Llevar la atención plena a sensaciones agradables debilita la tendencia a aferrarse a ellas y anhelar obsesivamente que se repitan de forma continuada. Asimismo, cuando atendemos las sensaciones desagradables en vez de quedarnos fijados en la incomodidad, disminuye también la tendencia a la aversión y la resistencia. En ambos casos, podemos cortar la reactividad emocional antes de que nos abrume. Si pudiste dedicar un determinado tiempo a practicar, aunque solo fuera una vez, el ejercicio de escáner corporal que te proponíamos en el capítulo anterior, seguramente habrás notado que cualquier cosa que surja en tu experiencia momento a momento —sensaciones corporales, ideas fugaces, planes, recuerdos, emociones, comentarios interiores, silencios, etc.— lleva adherida una etiqueta que dice «agradable», «desagradable» o «neutro». Es algo que ocurre tan deprisa que en muchas ocasiones queda por debajo del umbral de la conciencia. Aunque pocas veces somos conscientes de ese fugaz instante y de la evaluación continua de nuestra experiencia debido al ritmo ajetreado de la vida, el cuerpo y la mente están bien entrenados para reaccionar ante estas evaluaciones.

Se podría aducir que estos tonos de las sensaciones cumplieron originariamente una función evolutiva importante, porque nos alejaban de lo tóxico y hacían que nos atrajera lo que era beneficioso para nuestra supervivencia. De hecho, muchos de los alimentos que más nos gustan están repletos de grasa y calorías, lo cual los vuelve naturalmente atractivos para un cuerpo y un cerebro que evolucionaron en una época en que tenían que obtener energía de plantas y animales salvajes (así lo hemos hecho durante el 90% de nuestra historia como especie). Aquellos tonos de las sensaciones nos ayudaron a navegar por los potenciales peligros y reconocer las oportunidades.

EXPERIMENTO

Agradable, desagradable y neutro

Durante los próximos sesenta segundos intenta observar cualquier experiencia que no lleve asociada ninguna sensación, ni agradable, ni desagradable ni neutra.

¿Qué tal?

Dedica otros sesenta segundos a observar si tu experiencia tenía más de agradable, de desagradable, de neutra, o si se repartía por igual entre estas tres posibilidades

¿Qué has observado?

Notas

_____

_____

_____

_____

_____

_____

_____

Es fácil reconocer las sensaciones agradables y desagradables cuando son intensas, por ejemplo, un postre exquisito (agradable) o el olor de una cloaca abierta (desagradable). Pero ¿qué ocurre en momentos más sutiles de la experiencia, por ejemplo, con la idea fugaz de un postre exquisito (agradable) o la vaga sensación de incomodidad (desagradable)? ¿Y con todos esos momentos que no son agradables ni desagradables, como el de calzarte los zapatos o el de ponerle la comida al gato? En este capítulo veremos cómo todos estos momentos pueden generar una espiral de malestar emocional y dar pie a conductas y decisiones que afectan directamente a nuestra sensación de bienestar.

Al hacer un *zoom* a este nivel sutil de experiencia, exploraremos una forma de cultivar la felicidad que se aleja de correr detrás de lo agradable y huir de lo desagradable —la *cinta de correr hedonista* de la que hablan algunos investigadores—. En su lugar, la estrategia que aquí proponemos consiste en cultivar una actitud espaciosa y atenta con la cual acercarnos a todo tipo de experiencias. Pero de momento, te proponemos que mantengas una sana dosis de escepticismo y que te dispongas a explorar este tema por ti mismo.

EJERCICIO
El poder de las sensaciones

Este ejercicio consta de tres fases. Después de leer las instrucciones en la primera, cierra un momento los ojos, haz el ejercicio y a continuación escribe en la tabla que sigue algunas notas sobre tu experiencia. Luego continúa con las otras dos fases del ejercicio de la misma manera.

1. Empieza con unas cuantas respiraciones diafragmáticas profundas, tomándote tu tiempo. Ahora recuerda algún momento que fuera muy agradable y deja que el recuerdo cobre la mayor fuerza posible. Concéntrate en los pensamientos, los sentimientos y las sensaciones agradables que estuvieron asociados a esa experiencia, incluso exagéralos. Busca emociones como alegría, satisfacción, cariño y tranquilidad. Si aparecen otros pensamientos ajenos o desagradables, con amabilidad trae tu atención de vuelta a las sensaciones agradables que ese feliz recuerdo te trajo. Observa cómo lo sientes en el cuerpo. ¿Cómo está tu mente cuando tienes un recuerdo placentero? ¿Cómo se siente tu corazón? ¿Qué te apetece hacer? Después de centrarte en esta experiencia durante uno o dos minutos, dedica un momento a anotar en la tabla siguiente lo primero que se te ocurrió sobre esa experiencia. Incluye las sensaciones físicas que notaste, las emociones y los pensamientos más destacados, así como cualquier motivación a hacer algo que puedas haber sentido.

2. Haz unas cuantas respiraciones profundas más para «limpiar el paladar» de la mente. A continuación, piensa en algún recuerdo desagradable, algo que te hiciera sentir infeliz. Deja de nuevo que este recuerdo o esta visualización cobren toda la fuerza que seas capaz de sostener. Recuerda que estás a cargo y en completo control, porque lo que estás haciendo no es más que un experimento mental. Si te parece bien, exagera los aspectos más desagradables de la experiencia para sentirlos con más fuerza en el corazón, la mente y el cuerpo. Fortalecer la capacidad de afrontar lo difícil genera una fuerza inmensa y una gran libertad. Los recuerdos desagradables llevan consigo a menudo emociones como la ira, el miedo, la vergüenza y la tristeza. ¿Existe alguna resistencia a pasar de un recuerdo agradable a otro desagradable? ¿Cómo se manifiesta esa resistencia? ¿Puedes localizarla en la mente o el cuerpo? ¿Observas alguna contracción o alejamiento de esa experiencia? Dedica de nuevo unos minutos a escribir en la tabla siguiente unas palabras sobre las sensaciones físicas, las emociones, los pensamientos y las tendencias a la acción que se te hayan presentado.

3. Haz unas cuantas respiraciones diafragmáticas profundas más, dejando ir la experiencia anterior y liberando los sentimientos asociados a ella. A continuación, trae a tu mente un recuerdo de algo que no sea agradable ni desagradable, por ejemplo, revisar el correo o secarte después de la ducha. Elige algo concreto y observa si puedes traer este recuerdo a la mente con toda la viveza posible. ¿Cómo lo sienten la mente y el cuerpo? ¿Es difícil involucrarte en la visualización? ¿Te parece menos interesante porque no lleva ninguna carga intensa, en ningún sentido? ¿Qué suele hacer tu mente cuando las experiencias son neutras? ¿Es más difícil estar presente? Observa si puedes encontrar sensaciones físicas, emociones, pensamientos e impulso a la acción, y anótalos en la siguiente tabla.

	Sensaciones físicas	Emociones	Pensamientos	Acción
1. Recuerdo agradable				
2. Recuerdo desagradable				
3. Recuerdo neutro				

Antes de profundizar en la exploración de las sensaciones, observa cómo, con solo prestar atención a las sensaciones físicas, las emociones y los pensamientos e identificarlos –como en el ejercicio que acabas de hacer o durante una práctica de atención plena– surge la conciencia de forma espontánea. Cuando esto ocurre, es posible *observar* la experiencia en vez de *identificarse* con ella. Si la mente está entrenada para observar una sensación como una sensación, una emoción como una emoción o un pensamiento como un pensamiento, se abre la oportunidad de observar y experimentar esos fenómenos desde una perspectiva amplia y no reactiva.

LAS EXPERIENCIAS AGRADABLES

Hay una tendencia natural a querer *aferrarse a las experiencias que parecen agradables*. Este aferramiento en realidad puede disminuir el placer que esas experiencias proporcionan, porque cuando nos percatamos de que no pueden durar para siempre, aparece la frustración. Y aunque fueran permanentes, pronto se convertirían en algo desagradable (¿cuántos trozos de esa tarta de chocolate te puedes comer antes de que empiece a provocarte náuseas?; ¿cuánto masaje con piedras calientes puedes recibir antes de que se convierta en una sofisticada tortura?). Tener conciencia de la tonalidad agradable de la sensación reduce la tendencia inconsciente a apegarse a la experiencia, porque pone al descubierto la naturaleza efímera y siempre cambiante de toda experiencia. Tendemos de forma natural a engañarnos y creer que podemos perpetuar las experiencias placenteras, o que *solo por esta vez* somos capaces de aferrarnos a lo agradable sin pagar el precio del sufrimiento cuando la experiencia termina. Y, sin embargo, es lo que hacemos continuamente.

Siempre que algo desagradable –tenga la forma que tenga– nos impacta o nos sorprende, también se revela un momento de aferramiento y engaño. Todos sabemos, por ejemplo, que es propio de su naturaleza que el cuerpo enferme, envejezca y al final muera. Sin embargo, es muy frecuente que la enfermedad se sienta como un error, una conmoción o algo contrario al orden natural de las cosas. Cada vez que la mente dice: «No debería estar pasando esto», es signo de que hay una ilusión basada en el aferramiento. Sorprende que alguien que pueda ser extremadamente racional y lógico en casi todo pueda aferrarse a perspectivas que claramente desafían a la razón: «Los padres siempre quieren de forma incondicional a los hijos», «Las parejas nunca se engañan», «Los hijos siempre quieren a sus padres», «Los hijos no deberían morir»... Y la lista sigue. Son mitos a los que personas inteligentes se aferran a pesar de las abrumadoras evidencias que demuestran lo contrario. ¿Por qué? Por la fuerza del apego y el aferramiento.

Ser consciente de las sensaciones agradables también puede desvelar fuentes de felicidad más sutiles y fiables. Aunque la publicidad pueda inducirnos a pensar lo contrario, los momentos de auténtica felicidad suelen compartir algunos de los elementos siguientes, o todos ellos (ninguno de los cuales se puede comprar en las tiendas):

- La conexión (con uno mismo, con los demás o con la naturaleza).
- La ausencia de expectativas o exigencias.
- El aprecio (de uno mismo o de los demás).
- «Saborear» los placeres sencillos.

Puede ser ilustrativo detenerse a considerar aquello que realmente nos proporciona placer y felicidad en la vida. ¿En qué medida está relacionado con los enormes esfuerzos que hacemos para adquirir objetos y alcanzar logros? ¿En qué medida está relacionado con los placeres sensoriales? En un momento de dificultad emocional resulta especialmente importante saber qué conduce a la felicidad y qué conduce a la infelicidad. La espiral de sufrimiento emocional suele ser alimentada por la búsqueda incesante de alivio a través del placer, lo cual suele llevarnos a más infelicidad y mayor frustración. Lamentablemente, es algo que ocurre muy a menudo.

Nuestra cultura «vende» felicidad y paz mental en forma de productos. Basta con fijarse en los anuncios de los periódicos y las revistas. Nos bombardean continuamente con la idea de que para hallar la felicidad solo tenemos que comprar un coche más grande, un teléfono mejor o un cuerpo más escultural mediante la liposucción. Podemos pensar: «Si tuviera dinero, se acabaron los problemas». Hasta la publicidad se ha dado cuenta de que hoy el consumidor ansía más la paz mental que los placeres sensoriales. Cada vez son más los anuncios que venden la «iluminación» con sus productos.

Por ejemplo, considera el siguiente anuncio de Nordstrom, una cadena de grandes almacenes: un joven extremadamente guapo, que no debe de llegar a los veinte años, apoyado en los codos con aire de estar perdido en una fantasía, mirando al mar a través de una ventana. Lleva un suéter de cuello en V, discreto pero bonito. En la página opuesta, el texto dice: «Me inspiran las cosas sencillas. El blanco luminoso de la arena, el calor del sol, la firmeza del mar, la serenidad de las olas. He madurado. Me rodeo de personas a las que quiero, de cosas que realmente necesito [el suéter de cuello en V, por ejemplo]. Finalmente, estoy iluminado».

¡Vaya! Pues resulta que el suéter tampoco era tan caro. El cariño, la paz, incluso la *iluminación* pueden ser tuyos por solo 59,95 dólares y, además, te llevas un suéter en la promoción. Lo fascinante, triste y aterrador es que la industria publicitaria incluso se ha apropiado de la paz mental: hermosas jóvenes rubias sentadas en la postura del loto con los ojos cerrados, en la parte posterior de la camioneta en un anuncio de coches, y empresas de tarjetas de crédito que venden «iluminación» como parte de sus campañas.

Hay una maravillosa historia de la tradición sufí sobre el sabio conocido como Mulá Nasrudín que, más o menos, dice lo siguiente: una noche Nasrudín iba a cuatro patas buscando algo bajo una farola. Un hombre lo vio y le preguntó:

—¿Qué buscas?

—La llave de casa —respondió Nasrudín—. La he perdido.

El hombre se puso también a buscar la llave, y al cabo de un rato de buscar sin ningún éxito, le preguntó:

—¿Estás seguro de que la perdiste por aquí?

Nasrudín respondió:

—No. No la perdí por aquí. La perdí allá, junto a mi casa.

—Entonces, ¿por qué la buscas aquí? —preguntó el hombre.

—Porque aquí hay mucha más luz que allí —dijo Nasrudín.

La publicidad es como la farola de la historia de Nasrudín: ilumina con luz intensa y constante los lugares en los que nunca hallaremos lo que buscamos.

LAS EXPERIENCIAS DESAGRADABLES

Junto a la tendencia a aferrarse a lo placentero, existe la opuesta de *alejar las cosas que parecen desagradables*. Esto puede ocurrir tanto de una forma burda como sutil. Una situación burda puede ser la de que tengas un día difícil en el trabajo y por la noche salgas a tomar unas copas para anestesiarte. En un nivel más sutil, puedes tener un pensamiento fugaz sobre un comentario molesto que alguien te hizo la semana pasada, y esto te empuja a buscar cualquier cosa en la nevera sin ser plenamente consciente ni de lo que has pensado ni del deseo de ponerte a buscar comida. Sin embargo, distraer a la mente de emociones, pensamientos o sensaciones físicas desagradables, evitarlos o «enterrarlos», muchas veces acaba por intensificar esas experiencias desagradables o hace que se manifiesten de otra forma, por ejemplo, como síntoma de alguna dolencia física o mental. Aunque no siempre es fácil, una mejor estrategia puede consistir en aceptar las experiencias desagradables como parte de una vida rica y plena, y verlas con compasión y curiosidad. No importa lo bien que tengas organizada tu vida, siempre habrá sensaciones desagradables. Son tu experiencia viva del momento, y verlas de frente abre el camino de entrada a la libertad.

Lo habitual es que cuando nos sentimos incómodos, sea física o emocionalmente, lo etiquetemos como algo «malo». Un cambio sutil pero importante que puede ocurrir si nos habituamos a usar las etiquetas de «agradable», «desagradable» y «neutro» es que disminuye la contracción en torno a las experiencias difíciles. Esta contracción que surge instintivamente como respuesta a lo desagradable, muchas veces genera pensamientos y sentimientos que aumentan y perpetúan el malestar. Veamos un ejemplo cotidiano y explorémoslo de dos formas. La primera vez reaccionaremos como lo solemos hacer, sin conciencia, y veremos qué sucede. La segunda vez, llevaremos la atención plena a la experiencia desagradable.

Tomemos algo habitual, por ejemplo, el dolor. Muchas personas sufren dolor de espalda, por causas muy diversas. En un gran número de casos, aparece el dolor y, en vez de notarlo como una «sensación desagradable», la mente se contrae en torno a la experiencia. Puede haber un pensamiento como: «Odio esto» o «Estoy deshecho». Este simple pensamiento crea resistencia en el cuerpo, y la sensación se intensifica. A consecuencia de ello surgen más pensamientos, por ejemplo: «Tendré que cancelar ese viaje», «Ya no podré jugar al tenis nunca más» u otras percepciones distorsionadas y exageradas. Estos pensamientos generan emociones, como frustración o ira. Con estas emociones se intensifica la tensión, y la incomodidad se agudiza aún más. Todo ello ocurre muy deprisa y suele desembocar en una sobrecarga emocional.

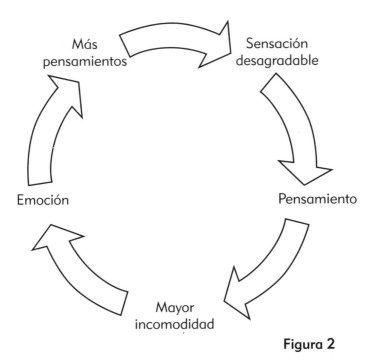

Figura 2

Existen algunos malos entendidos acerca de esta forma de relacionarnos con el dolor y la dificultad. Tal vez lo más importante para quien esté experimentando malestar emocional sea la distinción que existe entre tener conciencia de las sensaciones y dejarnos llevar por las sensaciones. La psicología occidental ha contribuido a esta confusión al promover, en ciertos momentos y en determinadas escuelas, la expresión intensa de las emociones difíciles. A inicios de los años setenta, un psicólogo llamado Arthur Janov desarrolló la denominada «terapia primal», que promovía las catarsis emocionales. Sin embargo, estudios posteriores han demostrado que este método para lidiar con las emociones intensas no es efectivo. En el caso de la ira, en particular, parece que el hecho de expresarla libremente la hace más intensa en vez de regularla. Como vimos en el segundo capítulo, las emociones comparten la misma naturaleza que todos los demás fenómenos: son impermanentes. Pero cuando aparecen la frustración y la incomodidad y nos «contamos su historia» una y otra vez, la historia se atasca.

Sin embargo, si aparece un momento de dolor de espalda y simplemente lo notamos como una «sensación desagradable» o, más específicamente, como «presión» o «calor», esa experiencia queda libre para seguir su curso natural de surgir y desaparecer. Ni siquiera en el caso del dolor crónico hay alguna sensación que sea permanente; y puede ser bastante liberador dejar de mirar a ese hombro que hace años nos está dando problemas como un bloque monolítico de incomodidad, y verlo en cambio como una experiencia compleja de sensaciones siempre cambiantes, y que, dentro de esa situación crónica, puede haber también momentos de alivio. Esto es aún más cierto cuando hablamos de las emociones. Las emociones están diseñadas para surgir y luego desaparecer rápidamente, y cuando las observamos con la claridad de *mindfulness*, así es como tienden a comportarse.

Las experiencias desagradables nos pueden ofrecer importantes lecciones para la vida, o transmitirnos mensajes del cuerpo sobre problemas de salud que hay que atender. Cuando se viven sin enjuiciarlas, las experiencias desagradables se pueden convertir en neutras o agradables. A veces, la confianza que se genera al afrontar las dificultades puede ser suficiente para convertir lo desagradable en agradable. Cuando aparece alguna emoción particularmente desagradable, como la vergüenza o la ansiedad, encontrar el coraje para «sumergirse» en la emoción hace que esta manifieste su naturaleza impermanente, y muchas veces se traduce también en la experiencia «agradable» de tu propio valor.

Las experiencias neutras

Cuando una experiencia parece neutra o poco interesante, *existe la tendencia a desconectar de lo que esté ocurriendo o a ignorarlo*. Por ejemplo, es posible que haya personas con las que te encuentres de forma habitual que ni te gustan ni te disgustan: el compañero de trabajo, la vecina, el conserje de tu casa, la cajera del supermercado... Son personas que quizás te llamen poco la atención. ¿Cómo reaccionas ante ellas? ¿Les dedicas la misma atención que a quienes realmente te gustan o te molestan? ¿Cómo podría cambiar la idea que tienes de ellas si les prestaras más atención? ¿Es posible que sintieras más empatía o compasión hacia ellas?

Poner atención a una experiencia neutra a menudo cambia este carácter neutro de su tonalidad. Centrar la atención en experiencias que de otro modo serían insulsas puede transformar lo neutro en agradable. En los capítulos 9 y 11, practicarás las meditaciones del amor y la compasión. En este tipo de prácticas se incluye la idea de dirigir sentimientos de cuidado y amabilidad hacia una persona «neutra». Después de realizar estos ejercicios durante solo una semana, muchos de nuestros alumnos vuelven diciendo que conectaron como nunca antes, por ejemplo, con la persona de la tintorería o el conductor del autobús. Un hecho que refleja magníficamente la novela *La elegancia del erizo*, de Muriel Barbery (2008), donde Paloma, una niña preciosa (y suicida) en los inicios de la adolescencia, empieza a prestar atención a Renée, la conserje del edificio donde ella vive, una persona aparentemente poco interesante. Paloma poco a poco va descubriendo la rica vida interior de Renée, un encuentro humano que al final despierta en la niña el aprecio por su propia vida.

La práctica sencilla pero potente de notar eventos neutros nos lleva a saborear y reapropiarnos de actos tan cotidianos como andar, respirar, observar cómo caen las hojas de los árboles o tomarse un té. El poeta alemán Rainer Maria Rilke le decía a un joven poeta: «Si su vida cotidiana le parece pobre, no se queje de ella; quéjese de usted mismo, dígase que aún no es lo bastante poeta como para convocar su riqueza, pues para el creador no existe pobreza ni lugar pobre o indiferente» (Rilke, 1984, pág. 7). Al desplegar el poder de la conciencia mediante la práctica de *mindfulness*, y al abrazar todas las experiencias de la vida, poco a poco podemos aprender a convocar todas las riquezas de nuestra existencia, incluso en los momentos de desazón y malestar.

RELACIONARNOS CONSCIENTEMENTE CON LAS SENSACIONES

Paradójicamente, una de las mayores trabas para la verdadera felicidad consiste en relacionarnos con las sensaciones desagradables como si fueran obstáculos. En ese momento de aversión, de alejar lo desagradable, es donde empieza la guerra. También es el inicio de la resbaladiza pendiente que nos lleva al malestar emocional. Es posible aceptar todas las emociones y todas las experiencias –agradables, desagradables o neutras– con *mindfulness*. La experiencia de sentirnos sobrepasados emocionalmente suele comenzar con un momento de rechazo de una sensación o emoción difíciles.

En la cultura occidental moderna se espera que la persona sea «feliz» todo el tiempo, y por tal se entiende sentirse alegre y optimista: la ubicua carita sonriente. Cuando no sentimos este tipo de felicidad, es común pensar que «algo va mal» o sentirnos inadecuados. En este sentido, puede ser útil reconsiderar nuestras expectativas: ¿es siempre posible este tipo de felicidad?, ¿se podría redefinir la felicidad de modo que incluya una mayor diversidad de experiencias?

En nuestra vida siempre hay experiencias agradables, desagradables y neutras. Con mucha frecuencia la gente no tiene lo que quiere, tiene lo que no quiere o está alejada de las personas con las que desea estar, mientras ha de estar cerca de otras que no le gustan. Por si esto fuera poco, es indudable que todo lo que apreciamos (incluidos nuestros seres queridos y nosotros mismos) cambiarán y desaparecerán, y no tenemos idea de cuándo va a ocurrir esto. Se trata simplemente de hechos de la vida, con independencia de tu raza, religión, riqueza, nivel de estudios o poder. No hay nada personal en todo esto. Si hubiera alguna forma de librarse de las experiencias desagradables y vivir solo las placenteras, no tendría ningún sentido el cultivo interior y el entrenamiento mental.

Al tomar conciencia de la experiencia de lo que nos sucede se ve claramente lo impermanente de estas experiencias. Nuestra experiencia de algo extremadamente agradable o desagradable, por ejemplo, siempre acaba por cambiar, pierde su intensidad, se transforma en otra sensación o se desvanece por completo. Ocurre con frecuencia que, al aplicar una observación cuidadosa, lo que parecía completamente desagradable en realidad es dinámico, con momentos de dolor intercalados en otros momentos agradables o neutros.

EXPERIMENTO

Observar la naturaleza cambiante de la experiencia desagradable

El siguiente experimento solo requiere unos pocos minutos y no precisa de ninguna postura particular ni ningún equipamiento especial.

Empieza con unas cuantas respiraciones profundas.

Ahora dirige la atención a cualquier aspecto de tu experiencia que te sea desagradable en este momento. Si tienes la suerte de no sentir ninguna molestia de ningún tipo, deja el ejercicio para más tarde.

Si localizas una sensación o emoción desagradable, dedica un momento a prestar atención a esta experiencia con toda la constancia, delicadeza y curiosidad que tengas. Una trampa habitual al notar lo desagradable con atención plena consiste en tener como asunto pendiente liberarse de la experiencia con mindfulness. Procura limitarte a observarla, sin intentar cambiarla en ningún sentido: sin tratar de librarte de ella, intensificarla ni cambiarla en modo alguno. Agudiza tu poder de observación cuanto puedas y mira los aspectos más pequeños y sutiles de esta experiencia. ¿Qué sensaciones notas en el cuerpo? ¿Cambian con la observación? ¿Cambian de intensidad? ¿De lugar? Si la mente empieza a arrastrarte hacia la historia del dolor, observa este «pensamiento» y vuelve de nuevo la atención directamente a la experiencia desagradable.

Dedica un momento a escribir lo que hayas observado. Podrá ayudarte en el futuro, cuando te sientas agobiado por alguna incomodidad parecida.

Notas

_____

_____

_____

_____

_____

Cuando aumentamos la conciencia de este modo, puede incrementarse también nuestro nivel general de felicidad. Una distinción que nos puede ser útil aquí es entre la *felicidad eudaimónica* y el *placer hedónico*. El placer hedónico es el que se deriva de lo externo (por ejemplo, las vacaciones, ver una película divertida o comprarse ese suéter de cuello en V de Nordstrom). La felicidad eudaimónica se suele comprender como florecimiento humano, y apunta a un tipo más profundo de felicidad que nace del amor, de la generosidad y de acciones virtuosas. De la eudaimonía surge el equilibrio emocional y la fortaleza de aceptar hasta las situaciones más difíciles y adaptarse a ellas. Es la clase de felicidad que intentamos cultivar mediante las prácticas propuestas en este libro: un tipo de felicidad que implica abrazar la vida como un todo, y no solo una pequeña parte de ella, una felicidad que no dependa de las circunstancias externas.

Existe otra importante razón por la cual la conciencia plena conduce a la felicidad eudaimónica, y esta razón tiene que ver con la toma de conciencia. Es difícil separar la satisfacción de los deseos de los sentidos de la felicidad, no solo por el poder de los medios de comunicación, sino por la mezcla sutil pero perniciosa de dos experiencias distintas que se producen tan deprisa que tienden a fundirse en una sola. Como probablemente habrás observado en ejercicios anteriores, tanto el deseo de algo que *no tienes* como el de librarte de algo que *tienes* conllevan un malestar que puede ir de lo más ligero a lo más exasperante. Cualquiera que sea su intensidad, desde el microimpulso de quitarte los zapatos hasta la nostalgia obsesiva de una pareja romántica, el deseo duele. Cuando por fin consigues lo que deseas, ocurren dos cosas: termina el dolor del deseo y se siente el placer de lo que se haya conseguido. Si no identificamos el alivio que produce el fin del deseo, pensamos que el sentimiento agradable provino exclusivamente de haber obtenido lo que queríamos. Para percibir el alivio que se produce cuando cesa el dolor del deseo, usualmente se requiere una mente muy tranquila y concentrada, capaz de observar el deseo, tolerar la incomodidad que genera y ver qué ocurre cuando no se actúa sobre él de forma inmediata. El cultivo de esta capacidad genera una gran fuerza y da muchísima libertad, y en este capítulo incluimos varios ejercicios que te ayudarán en este sentido.

Se ha escrito muy buena literatura sobre nuestra incapacidad para establecer esta distinción, incluyendo la obra maestra de Tolstói *Anna Karenina*. En esta novela, Anna es una aristócrata casada que se enamora perdidamente de un galante oficial llamado Alekséi Vronsky. Gran parte de las más de ochocientas páginas de la novela es una historia con moraleja sobre los peligros de perseguir obsesivamente los placeres de los sentidos, como lo expresa Tolstói en esta cita:

> Vronsky, entretanto, pese a haber conseguido todo lo que tanto tiempo llevaba ansiando, no era feliz del todo. Pronto se dio cuenta de que el cumplimiento de sus deseos no le había proporcionado más que un grano de arena de toda la montaña de felicidad que esperaba. Esto le demostró el error que cometen los hombres cuando imaginan que la felicidad consiste en que se cumplan sus deseos (Tolstói, 2008, pág. 1103).

PRÁCTICAS DE LA SEMANA 2

PRÁCTICA DE MEDITACIÓN
Mindfulness de la respiración y de las sensaciones

*(Encontrarás la grabación en
http://cultivarlamente.com/libro-mindfulness-y-emociones/)*

La práctica para esta semana tiene el doble objetivo de asentar la mente a través de la atención plena de la respiración y entrenar la observación de las sensaciones mientras ocurren. Ambos componentes ayudan a aumentar la conciencia y reducir la reactividad emocional.

Es habitual esperar que la práctica de la meditación genere «buenas» sensaciones. A veces es así y a veces, no. En realidad, la ansiedad u otras experiencias emocionales «negativas» pueden aumentar durante la meditación. Cuando esto ocurre, ayuda mucho traer la atención a lo que está sucediendo sin intentar evitarlo ni «mejorar» la meditación. Asimismo, cuando la meditación genera un estado emocional «placentero», la práctica involucra estar atento a la tendencia a aferrarse a este sentimiento «positivo». No hace falta sentirse mal o preocuparse porque una práctica de meditación no genere sentimientos de paz y relajación. Al contrario, la práctica de la meditación implica dar la bienvenida a todo lo que emerja durante ella. La conciencia es lo suficientemente grande como para sostener todas las emociones, todos los pensamientos y todas las sensaciones físicas.

Hay un breve verso budista que expresa perfectamente la relación entre la respiración y las sensaciones que exploraremos en esta práctica:

Los sentimientos van y vienen
como las nubes que el viento arrastra.
La respiración consciente
es mi ancla.
(Nhat Hanh, 1997, pág. 8).

Usaremos la respiración como ancla al momento presente y para conectarnos con la dimensión espaciosa de la conciencia. En esta forma de prestar atención, es posible observar cómo se forman y desaparecen las sensaciones, sin aferramiento ni evitación.

La siguiente es una transcripción abreviada de la meditación guiada en audio, para quien prefiera leer primero las instrucciones y después practicar en silencio:

- Siéntate, atento y con la espalda recta, pero sin rigidez ni tensión. La intención de esta práctica es combinar un estado de alerta, relajación y calma, cualidades que no suelen ir juntas en la vida cotidiana. Para la mayoría de las personas es una manera nueva de estar, porque están acostumbradas a permanecer o bien alertas y tensas o relajadas y somnolientas. La postura del cuerpo favorece la capacidad de asentar la mente y mantener una conciencia no enjuiciadora. Es útil mantener la columna recta, la espalda fuerte y el pecho y el abdomen abiertos y relajados.

- Deja que las manos descansen cómodamente, sobre el regazo o sobre los muslos, y cierra lentamente los ojos. Si, por la razón que sea, no te sientes a gusto con los ojos cerrados, mantén la mirada suavemente enfocada sobre el suelo, delante de ti.

- Empieza con tres respiraciones diafragmáticas profundas.

- Después de la tercera exhalación, suelta la respiración y deja que tome su ritmo natural: relaja el vientre y permite que el aire entre y salga sin manipularlo. Lleva tu atención hacia las sensaciones sutiles y sencillas de expansión y contracción del vientre al respirar.

- Cada vez que observes que la mente se aparta de la respiración (quizás recordando algo o haciendo planes para el futuro), simplemente nota que se ha ido y, a continuación, concéntrate suavemente de nuevo en la respiración. Tanto como te sea posible, deja que este proceso se produzca desde la actitud del no juicio y sin dureza. La divagación mental no es ningún error, sino algo propio de la naturaleza de la mente. Cuando te des cuenta de que la mente se ha dispersado, ¿con cuánta gentileza y paciencia eres capaz de llevar nuevamente la atención a la respiración?

- Dedica entre diez y quince minutos a centrarte en la respiración como objeto primario de la atención. Puedes experimentar usando las etiquetas «adentro» al inspirar y «afuera» al espirar, para estabilizar la atención en la respiración de esta manera le das una «tarea» a la mente discursiva, mientras prestas atención a las sensaciones de expansión del vientre al inhalar y de contracción al exhalar. Esta técnica de etiquetar la inhalación y la exhalación es muy silenciosa, como si fuera un susurro de la mente. Imagina que el 95% de tu energía y tu atención se emplea en sentir las sensaciones de la respiración en el vientre, y solo el 5% en etiquetar la experiencia. Comprueba si puedes dejar que la atención monte las olas de la respiración, tal como un barco va montando las olas del mar.

- Durante los últimos cinco o diez minutos de la meditación, dirige la atención hacia los tonos de las sensaciones que acompañan a cada momento de experiencia. ¿Esta inspiración es agradable, desagradable o neutra? Cuando notes la mente enjuiciadora, ¿cuál es el tono de esa experiencia? Quizás observes que te estés juzgando por tener tantos pensamientos. ¿Cómo se siente ese juicio? Sin intentar analizar ni fabricar experiencias, procura dirigir tu atención a la corriente sutil y siempre cambiante de sensaciones agradables, desagradables y neutras que suelen estar por debajo del umbral de la conciencia ordinaria. Observa, también, cualquier tendencia a aferrarte a lo agradable, desconectarte de lo neutro o rechazar lo desagradable.

* Concluye la meditación dedicando uno o dos minutos a devolver la atención a las sensaciones de la respiración.

La conciencia de la respiración y la atención plena a las sensaciones: preguntas frecuentes

* *«¿Qué tipo de respiración debo hacer durante la meditación?».*
Después de las tres respiraciones diafragmáticas iniciales, no es necesario ningún tipo especial de respiración: deja simplemente que fluya con naturalidad.

* *«No puedo parar la divagación de mi mente».*
Es verdad. Es casi imposible conseguirlo. Todo lo que debes hacer, cuando veas que la mente está divagando, es dirigirla con delicadeza de nuevo a la respiración.

* *«¿En qué parte del cuerpo se puede observar mejor la respiración?».*
En el cuerpo hay tres puntos en los que es fácil seguir la respiración: el contacto del aire con las aletas de la nariz, la subida y bajada del pecho y la expansión y contracción del vientre. Escoge el punto que te sea más fácil y concéntrate en él, al menos mientras dure la meditación. Algunas personas dicen que notan mejor las sensaciones del vientre, sobre todo cuando están presentes emociones intensas.

* *«¿Se supone que al meditar me he de sentir de un determinado modo?».*
Uno de los mayores errores de quienes empiezan con la meditación es la idea de que cuando realizan la práctica deben crear un estado «especial». Esta idea no solo es errada, sino que el deseo de alcanzar la calma o cualquier otro estado mental idealizado es uno de

los mayores obstáculos para asentarse en el momento presente tal como es, que constituye el aspecto central de estas prácticas.

- «¿Qué diferencia hay entre las emociones y las sensaciones?».
  Para nuestros propósitos, «emoción» se refiere a una serie específica de reacciones, como las señaladas en el capítulo 2, y por «sensaciones» entendemos la calidad simple e inmediatamente observable de «agradable», «desagradable» o «neutro» que acompaña a toda experiencia.

- «No noto las sensaciones porque son demasiado rápidas o excesivamente sutiles».
  Realmente se requiere mucha atención plena para darse cuenta de que no puedes notarlas. ¡Buen trabajo! Estos tonos agradables, desagradables y neutros pueden ser muy escurridizos, y no hay por qué preocuparse si no consigues identificarlos. Una estrategia para sintonizar con las sensaciones consiste en prestar atención a cualquier experiencia intensa que surja durante la meditación y preguntarse: «¿Es esto agradable, desagradable o neutro?». Estas etiquetas pueden ser un recurso potente porque interrumpen los juicios que solemos hacer y nos invitan a una relación más espaciosa con los fenómenos que surgen.

Registro de prácticas

Cada día que practiques la conciencia de la respiración y la atención plena a las sensaciones, completa el siguiente registro. Hacer un seguimiento de las ideas que te surjan con las prácticas te ayudará a integrar lo que vayas aprendiendo de tu experiencia. Encontrarás copias adicionales de este registro en http://cultivarlamente.com/libro-mindfulness-y-emociones/.

Día y hora
¿Qué fue lo más destacado de esta práctica?

_____

_____

_____

_____

_____

_____

OBSERVACIÓN DE CAMPO
Notar el deseo y el fin del deseo

Intenta atrapar el deseo en cuanto aparezca, sea el deseo de tener algo o el de liberarte de algo. Para este ejercicio, conviene empezar con sensaciones no muy intensas, por ejemplo un picor o el deseo de comer algún dulce. Observa si eres capaz de mantener la sensación, notando la incomodidad sin intentar deshacerte de ella o actuar sobre ella. Trata de notar cuándo desaparece y cómo te sientes cuando esto sucede.

Notas de campo

_____

_____

_____

_____

_____

Cada momento de experiencia tiene un sabor al que nos referíamos como «tonalidad de la sensación». Esta siempre corresponde a una de las tres simples categorías siguientes: agradable, desagradable o neutra. La intensidad de estas sensaciones varía, desde la agradable sensación de una fantasía pasajera de la mente hasta la intensa sensación desagradable de la ira o el miedo agudos.

Muchos son los posibles beneficios de prestar atención imparcial a las sensaciones. En primer lugar, estas son las precursoras de la aversión y el apego, dos de los principales culpables de la infelicidad y la insatisfacción. Al atender a la tonalidad de las sensaciones podemos insertar una «cuña» de plena conciencia entre una reacción sutil (la tonalidad de la sensación) y una escalada inconsciente y a menudo rápida hacia el malestar emocional. En segundo lugar, la conciencia de las sensaciones desvela a menudo la naturaleza cambiante de estas y, con ello, hace que nos demos cuenta de la percepción errónea de que este momento de malestar será permanente. El suicidio es tal vez la consecuencia más trágica de esta percepción errónea. Al adquirir conciencia de las sensaciones, vemos que el dolor, sea físico o emocional, no es una experiencia monolítica, sino una intrincada red de experiencias siempre cambiantes que suelen incluir momentos neutros e incluso placenteros.

La atención a la naturaleza efímera de las sensaciones también nos puede llevar a comprender cuál es la felicidad más auténtica y profunda: la felicidad eudaimónica frente a la hedónica. A medida que aprendemos a sentarnos con la incomodidad, adquirimos una mayor confianza en nuestra capacidad de tolerar las emociones difíciles, y, lo que es más importante, se interrumpe la espiral de pensamientos, sensaciones y emociones negativas.

Capítulo 6

Mindfulness de los pensamientos

Utilizar la cabeza en vez de ser utilizado por ella

E n los dos últimos capítulos hemos analizado dos importantes dimensiones de la experiencia que están estrechamente relacionadas con el equilibrio emocional: el cuerpo y las sensaciones. Un tercer aspecto fundamental del paisaje interior que desempeña un papel clave en el equilibrio emocional es el pensamiento. Pese a su invisibilidad, los pensamientos son poderosos. Poseen la fuerza de determinar las decisiones y dirigir las acciones. En realidad, nuestra comprensión del mundo y de nosotros mismos nace precisamente del entramado de pensamientos que sobreponemos a la realidad. Nuestras opiniones, preconcepciones y expectativas, basadas en experiencias previas, filtran la percepción y la experiencia directa que tenemos del presente. Esto nos ayuda a crear un mundo de experiencia más o menos estable y predecible, orientándonos hacia lo que está ocurriendo y facilitando la toma de decisiones sobre lo que conviene hacer en una determinada situación.

Un inconveniente de esta compleja capacidad evolutiva de pensar es que tenemos una debilidad especial por tomar nuestros pensamientos como verdades, incluso aquellos que nos definen a nosotros mismos o a los demás de maneras que nos hacen sufrir. Por ejemplo, imagina que alguien piensa que es demasiado mayor para encontrar pareja (o demasiado joven, alto, bajo, gordo, flaco, inteligente, no inteligente, etc.). Naturalmente, este pensamiento afectará a su confianza en sí y a las probabilidades de que encuentre pareja, porque los pensamientos que nos limitan muchas veces se convierten en profecías que se cumplen, ya que limitan la percepción y solo dejan entrar la información que confirma nuestras creencias. Imagina, también, las implicaciones de tener ideas fijas sobre los propios hijos (no solo pensamientos negativos como: «A mi hija no le van las matemáticas», sino también positivos como: «Mi hijo será un gran abogado»). Este tipo de ideas impiden que veamos a nuestros hijos en toda su dimensión y los aceptemos como son; en su lugar, los percibimos a través del cristal de los miedos y las esperanzas de la mente del adulto.

Como seguramente habrás observado, nos pasamos buena parte de la vida adulta pensando. Del mismo modo que un bebé centra su identidad en torno a su cuerpo y sus sentimientos, los adultos centramos nuestra identidad en la cabeza: nos vemos a nosotros mismos de acuerdo con lo que planeamos, organizamos, recordamos, creemos, soñamos, prevemos, calculamos, comentamos, evaluamos, juzgamos, etc. Y como dedicamos tanto tiempo a pensar, no es extraño que a menudo acabemos por confundir nuestras ideas con la realidad, creyendo que el mapa es el territorio.

En este capítulo, exploraremos de qué manera saber que *no somos nuestros pensamientos* es un componente fundamental del equilibrio emocional. Todos tenemos comentarios internos transmitiendo todo el día, y a menudo entendemos erróneamente esos comentarios como nuestra verdadera esencia o aquello que nos define. Nada más lejos de la realidad, ni más culpable del malestar emocional. Pero existe una forma que podemos aprender para relacionarnos con nuestros pensamientos —incluso con los difíciles— que puede nutrir la sabiduría, la espaciosidad y la calidez, lo cual, a su vez, aumenta el equilibrio emocional y la resiliencia. Un aspecto clave de esta nueva forma de relacionarnos con los pensamientos implica desarrollar la capacidad de reconocerlos por lo que son: eventos mentales puntuales y observables. En este proceso, quedará más clara la distinción entre la mente pensante (la pizarra interior), los pensamientos (lo escrito en la pizarra) y la conciencia (el testigo de todas las experiencias, incluida la propia pizarra). Pero avancemos juntos, paso a paso.

LOS PENSAMIENTOS, LAS EMOCIONES Y LOS ESTADOS DE ÁNIMO

Llegados a este punto, es posible que te hagas la comprensible pregunta: «¿Qué tiene que ver el pensamiento con el cultivo del equilibrio emocional?». Pues bien, como veremos, tiene mucho que ver. Tal vez reconozcas por propia experiencia que determinados pensamientos dan lugar a determinadas emociones. Por ejemplo, piensa un momento en alguien a quien quieras: un buen amigo, tu hijo, incluso tu mascota. Recuerda algo de ese ser que aprecies de modo especial, quizás alguna vez en que os divertisteis juntos o algún momento en que os sentisteis especialmente unidos. Cierra los ojos por un momento y piensa en esto durante un par de minutos. ¿Observas algún cambio en tu estado emocional? ¿Y en tu cuerpo? ¿Notas algún cambio en la cara, el pecho o el vientre?

Al hacer este sencillo ejercicio, muchas personas sienten calor en diferentes partes del cuerpo. Se les abre el pecho o se les relaja la cara. También son habituales los sentimientos de cariño, ternura, gratitud y alegría. Del mismo modo, podemos evocar pensamientos diferentes que desencadenen sus consiguientes correlatos físicos y emocionales. Por ejemplo, si en tu teatro privado (la mente) representas de nuevo una discusión acalorada con una persona difícil, es posible que notes que el corazón se te acelera, se te tensan los brazos y las piernas y la cara se te contrae. Evidentemente, los recuerdos intencionados son un poco más fáciles de controlar y suelen provocar emociones menos intensas que los que surgen de modo espontáneo, pero unos y otros pueden generar emociones.

Vamos a realizar un ejercicio para comprender mejor la interrelación de los pensamientos y las emociones.

EJERCICIO
¿Cómo reaccionarías?

Imagina la siguiente situación, y piensa cómo crees que reaccionarías: ayer fue tu cumpleaños, y tienes un buen amigo o un hermano que normalmente se acuerda de la fecha y te llama, te manda una felicitación o viene a verte, pero esta vez no has tenido noticia de él.

Teniendo en mente esta situación, considera un momento las siguientes preguntas, una a la vez:

* ¿Cómo te sentirías en esta situación?
* ¿Qué tipos de pensamientos vendrían a tu mente?
* ¿Cómo reaccionarías en esta situación?
* ¿Se relacionan estos pensamientos con temas o historias que aparezcan a menudo en tu mente?

Notas

_____

_____

_____

_____

_____

_____

Es sorprendente la diversidad de reacciones de las personas ante esta situación imaginaria. Por ejemplo, algunas se ofenden por ese aparente desaire. Otras suponen que simplemente se olvidó, algo que a todo el mundo le ocurre de vez en cuando. Otras comienzan a preocuparse porque quizás le han dado a esa persona algún motivo para que «se enfadara tanto conmigo como para ignorar mi cumpleaños». Otras se preocuparían pensando que tal vez esa persona tiene algún problema: «Tal vez esté enfermo o le ocurra algo, y le debería llamar para ver si se encuentra bien». Y otras saltan a conclusiones globales sobre sí mismas o sobre su relación: «Quizás no éramos tan cercanos después de todo», o incluso: «En realidad nadie se preocupa por mí».

Estas reacciones tan disímiles ante una situación ambigua como la propuesta se relacionan directamente con la manera en que percibimos la situación y cómo pensamos sobre ella. Es muy probable que nuestro estado de ánimo, nuestras experiencias previas y nuestros pensamientos habituales coloreen lo que vemos y cómo respondemos. Esto significa que, al abrirnos a nuevas formas de pensar sobre una determinada situación, o simplemente al concederle a esa persona o a esa situación el beneficio de la duda —es decir, reconocer la posibilidad de que lo que pensamos quizás no sea la verdad última sobre ella o sobre la situación—, es posible traer más espaciosidad a la situación y cambiar nuestras reacciones emocionales. Puede parecer algo sencillo, incluso obvio, pero tiene una fuerza extraordinaria. Una percepción equivocada puede crecer y transformarse en días de infelicidad.

Apliquémoslo ahora a la vida real. Recuerda alguna situación actual que te cree cierto sufrimiento emocional. Comprueba si, de algún modo, puedes estar tomándote las cosas demasiado personalmente, e intenta imaginar otra forma de ver la misma situación. Por ejemplo, imagina que tu jefe no te reconoció ese trabajo tan bien hecho, o que tu pareja no se fijó en algo positivo o importante que hiciste en casa, y te sientes decepcionado y resentido. A continuación, considera la posibilidad de que su falta de reconocimiento no tiene nada de personal, que no tiene nada que ver contigo y que no hay motivo para el resentimiento. Busca un ejemplo que te sea útil y dedica unos momentos a pensar en lo que sucedió, cómo lo interpretaste y cómo te hizo sentir; luego explora la posibilidad de dar una explicación impersonal a lo sucedido. ¿Cambian tus sentimientos? En el espacio que aparece a continuación, escribe cualquier cambio que notes y observa si percibes algunos patrones de inseguridad, falta de confianza o incluso autocrítica que pudieran ser la causa de estas falsas interpretaciones. A veces tenemos creencias irracionales acerca de lo que podemos perder si no nos tomamos las cosas personalmente (por ejemplo, nuestra sensibilidad hacia los demás o nuestra integridad). Explora esta posibilidad, y después pregúntate si realmente es cierto.

Notas

_____

_____

_____

_____

_____

_____

_____

Los pensamientos no son la realidad. Tú no eres tus pensamientos

En la psicología budista, la mente es descrita como un sexto sentido, que se suma a los cinco habituales (vista, oído, olfato, gusto y tacto). Desde esta perspectiva, del mismo modo que el ojo percibe todo tipo de formas, colores y luces; el oído toda clase de sonidos, y la nariz todos los olores, la mente percibe todo tipo de pensamientos: grandes y pequeños, hermosos y feos, interesantes y aburridos, sabios y ridículos, etc. La mayoría de las personas no se identifican a sí mismas con los colores y las formas que ven, ni con las texturas que tocan. Normalmente no pensamos, por ejemplo: «Soy verde claro» o «Soy rugoso» cuando vemos algo verde o tocamos algo rugoso. Pero los pensamientos, como objetos de la mente, son un poco distintos y, quizás porque son inmateriales e internos, somos más propensos a confundirlos por quienes somos.

Los pensamientos de autoevaluación son particularmente seductores y convincentes. Aparecen en la mente disfrazados de verdad absoluta. Cuando se muestran pensamientos como: «No sirvo para nada», «No soy digno de que me quieran», «He defraudado a la gente» o «No tengo remedio», enseguida nos quedamos atrapados en ellos y los separamos de otros comentarios internos como si fuesen verdades con autoridad. Aunque esto no les ocurra a todas las personas, muchos tenemos la tendencia profundamente arraigada de desestimar las fantasías y otras categorías de pensamientos como creaciones de la mente y, en cambio, tomamos cualquier juicio sobre nosotros mismos como una verdad absoluta. Esta es precisamente la razón de que el reconocimiento de que los pensamientos no son la realidad pueda brindarnos una gran paz emocional.

Dependiendo de su grado de elaboración, los pensamientos pueden ir de simples movimientos rápidos de energía de la mente a pensamientos diferenciados y hasta ensoñaciones elaboradas (las distinciones del siguiente diagrama las hemos tomado del maestro de meditación y psicólogo Daniel Brown):

Movimientos de energía	Pensamientos fugaces	Pensamientos diferenciados	Asociación libre	Soñar despierto
Movimientos rápidos y apenas perceptibles de la mente	Imágenes o palabras interiores dispersas y aleatorias	Pensamientos elaborados, normalmente con un tema principal y un tono emocional	Una serie de pensamientos elaborados con cierta relación entre sí	Escenarios mentales completos que pueden incluir una imaginería compleja, diálogos, etc.

Figura 3

Siguiendo el diagrama anterior, cuanto más a la izquierda estamos, mayor capacidad tenemos de identificar un pensamiento como lo que es, un simple pensamiento, y menos probabilidad hay de que nos perdamos en un tren de pensamientos. Al ir acercándonos a la derecha, aumenta la tendencia a perdernos en nuestros pensamientos y menos conscientes somos del hecho de que estamos pensando. Es importante saber que no hay nada inherentemente negativo en la asociación libre y la ensoñación —en realidad son dos magníficas capacidades de la mente humana que se pueden utilizar de forma creativa—. El problema surge cuando no somos conscientes de nuestro proceso de pensamiento y sin darnos cuenta nos entregamos a pensamientos que dan lugar a juicios negativos, miedos, autocríticas, ira, preocupación, suspicacia, desconfianza y otras emociones que sabotean la paz de la mente y el equilibrio emocional.

Tal vez te preguntes: «¿Qué parte de mí es la que sabe que estoy pensando?». Vamos a llamarla «conciencia». Aunque pueda parecer escurridiza, cuanto más llegues a conocerla y más aprendas a volver a ella y confiar en ella, más feliz serás. La mayor parte del tiempo, los pensamientos simplemente se producen sin ser conscientes de ellos. La práctica de *mindfulness* no implica generar pensamientos voluntariamente, controlarlos ni tampoco manipularlos. Al contrario, supone ser consciente de los pensamientos *como pensamientos*, dejando que surjan y desaparezcan sin retenerlos ni rechazarlos. Esta capacidad de ser consciente de los pensamientos puede ser usada *cada vez* que te acuerdes de prestar atención, ya sea meditando o en la vida cotidiana. Esta conciencia no es algo nuevo que necesites aprender. Ya está ahí y la tienes a tu disposición en cualquier momento, sin importar lo que esté ocurriendo. La conciencia está ahí de forma natural, pero puede pasar inadvertida durante toda una vida, por lo que es necesario explorarla y conocerla experiencialmente. A medida que te familiarices con tu conciencia, te darás cuenta de que se puede convertir en tu refugio último, un lugar natural de equilibrio para la mente y el corazón, con una capacidad ilimitada para encontrarse con la experiencia y abrazarla.

EXPERIMENTO

Reconocer los pensamientos como pensamientos

Ponte en una posición cómoda y conecta de nuevo con tu cuerpo estirando la columna, rotando los hombros hacia atrás y hacia abajo y relajando el vientre. Haz un par de respiraciones profundas, soltando todo el aire de los pulmones al exhalar. Te presentaremos algunas estrategias con las que puedes empezar a fantasear con la idea de observar tus pensamientos como eventos mentales y notarlos sin quedarte atrapado en ellos. Lee solo una sugerencia, luego cierra los ojos mientras la pruebas durante uno o dos minutos y a continuación practica con la siguiente. O puedes mantenerte un buen rato con una de las sugerencias si crees que te es especialmente útil para reconocer los pensamientos como pensamientos. Recuerda que no es necesario que intentes pensar: puedes confiar en que los pensamientos aparecerán por sí mismos. Y si no lo hacen durante un rato, simplemente disfruta del silencio mental.

- Cuenta los pensamientos a medida que vayan apareciendo. No importa qué tipo de pensamiento te acuda a la mente: un recuerdo, una imagen, un comentario interior sobre este ejercicio, algún plan para mañana, etc. Sea lo que sea, cuenta como un pensamiento. Cuéntalos de uno a diez, y empieza otra vez desde uno. Y si te pierdes al contar, comienza de nuevo desde uno. Si en algún momento te juzgas porque crees que no lo estás haciendo bien, cuéntalo también como un pensamiento, y sigue adelante.
- Imagínate sentado a la orilla de un río y que el agua que fluye delante de ti es tu propia mente. Tu trabajo consiste en ser consciente de los pensamientos que fluyen en la corriente. No necesitas atraparlos, seguirlos ni hacer nada con ellos. Simplemente nótalos y luego mira cómo se van por la corriente, como hojas de otoño flotando sobre el agua.
- Visualízate tumbado en la hierba en un día hermoso y soleado. Imagina que tu mente es como el inmenso cielo azul y que cada pensamiento que aparece forma una nube: algunas serán pequeñas y otras grandes; unas quizás sean suaves y esponjosas y otras tendrán un aspecto denso y pesado. Tal vez haya algunas que cubran todo el cielo. Sin embargo, una nube es una nube: viene y se va o se desvanece. Lo que debes hacer es reconocer cada nube como una nube.

En tu propia experiencia, ¿qué observaste?

Notas

_____

_____

_____

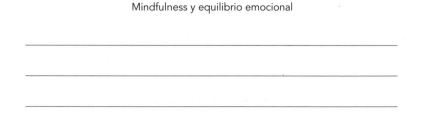

Llegados a este punto, esperamos que tengas claro que el objetivo no es mejorar los pensamientos, ni cambiar el pensamiento negativo por el positivo. En realidad, no somos muy entusiastas del «piensa en positivo» como camino sostenible hacia el bienestar. Nuestra invitación aquí es a experimentar una *nueva manera de relacionarte con tus pensamientos*, una forma más espaciosa y sabia que, paradójicamente, nos lleva de un modo natural a disminuir la rumiación y a generar pensamientos más saludables, porque el proceso de pensar estará más libre de fijaciones y tensión. De esta forma, puedes empezar a utilizar la cabeza en vez de ser utilizado por ella.

MINDFULNESS, LA MEDITACIÓN Y LOS PENSAMIENTOS

Una de las diferencias más sutiles e importantes entre la mente meditativa y la mente común consiste en el hecho de tener o no conciencia de estar pensando cuando se está pensando. Fíjate en que esto no implica en modo alguno que no deba surgir el pensamiento. De hecho, la idea de intentar alcanzar un estado en que no haya pensamientos es el mayor obstáculo que encuentran las personas que comienzan una práctica de meditación. Debido a que es parte de la naturaleza de la mente fabricar pensamientos, la más mínima aversión a esta tendencia natural crea las condiciones para la intranquilidad, la incomodidad y, finalmente, la guerra contra nuestra propia mente, una guerra que, como te lo habrás imaginado, nunca podrías ganar.

Los pensamientos no solo *no son obstáculos* para la meditación: son sus aliados. Cuando aparecen durante la práctica, tenemos la oportunidad de explorar con exquisito detalle cómo funciona nuestra mente pensante, averiguar qué tipo de pensamientos tienen mucho «agarre»

en nuestra mente y descubrir cómo es que nos quedamos engancha-
dos a ellos. Solo *teniendo* pensamientos podemos empezar a experimentar la diferencia entre pensar con sabiduría y perdernos completamente en los pensamientos.

Habrás observado que en las grabaciones a las que se hace referencia en este libro nunca se dan instrucciones de «librarse de los
pensamientos» ni de apartarlos, ni siquiera un poco. Sin embargo,
una y otra vez las personas imaginan que escuchan esas instrucciones,
aunque realmente no estén ahí. El mito de que meditar significa dejar
la mente gozosamente en blanco está muy extendido y tiene consecuencias nefastas. Aunque de hecho es posible que la mente se quede
en calma y entre en un silencio muy agradable durante la meditación,
normalmente el camino más directo a una mente concentrada y se-
rena consiste en aprender a no rechazar los pensamientos desagradables ni aferrarse a los agradables. Es una de las muchas paradojas de la
práctica contemplativa.

Del mismo modo que es imposible alisar con la mano las ondas
del agua de un estanque, tampoco podemos forzar el silencio interior.
Cualquier acción mental para calmar la mente solo generará más ondas en ella. Como es evidente, a la mente humana le cuesta dejar que
las cosas simplemente sean, porque está mucho más interesada en
arreglar, controlar, mejorar, etc. Pero para cultivar el equilibrio emocional, es importante aprender no solo a hacer algo, sino también sencillamente a sentarnos.

Meditar no es pensar, pero no pensar tampoco es meditar. Meditar es llevar la conciencia al proceso de pensar y a los pensamientos como objetos de la mente. La meditación consiste en mantener
la conciencia clara del proceso de pensamiento, lo que nos permite
percibir los pensamientos como lo que realmente son —eventos mentales— en vez de tomarlos como algo real y sólido. Al reconocer que
un pensamiento es un pensamiento, empezamos a ver su transparen-
cia, su fluidez y su relatividad. Al suavizar poco a poco la empuñadura
de los pensamientos creamos más espacio en nuestra mente. Cuando
dejamos de engancharnos a ellos, o de perdernos en ellos, podemos

recuperar el poder que, sin darnos cuenta, les habíamos cedido, y nos encontramos en una mejor posición para prevenir o remediar el desequilibrio emocional.

Cuando en la meditación nos centramos en los pensamientos, no importa si estos tratan sobre la complicada trama de una novela policial, la lavandería o el último escándalo de algún famoso. Da igual que sea un pensamiento ridículo, una idea digna del Premio Nobel, un recuerdo feliz o un plan para las próximas vacaciones. Al practicar *mindfulness* de los pensamientos, prestamos atención, por así decirlo, al *contorno* del pensamiento más que a su *contenido*. De igual manera que al practicar la respiración consciente era indiferente que fuera una respiración profunda o superficial, larga o corta, ahora, en esta práctica, no nos importa lo que el pensamiento contenga: simplemente lo observamos como un pensamiento.

Los pensamientos son objetos furtivos de la meditación. A veces simulan que no son pensamientos. Por ejemplo, durante una meditación puedes tener un pensamiento del tipo: «No lo estoy haciendo bien», «Hay tanto silencio en mi mente», «He de estar un paso más cerca de la iluminación», «Estoy atascado en esta meditación» o «Debería estar haciendo algo más productivo». Un maestro de la meditación, James Baraz, dijo una vez durante un retiro: «Después de veinte años de meditación noto que sigo emitiendo tantos juicios como cuando empecé a practicar, solo que ya no me los creo». Cuanto más practiques, con mayor frecuencia, facilidad y rapidez verás los pensamientos como pensamientos, incluso en la vida cotidiana. Con el tiempo, el volumen y la intensidad de la corriente de pensamientos que fluye en tu mente (el denominado «pensamiento discursivo») disminuyen, generando así más espacio y energía para la comprensión y la creatividad. Tanto la disminución de la intensidad y la frecuencia del pensamiento discursivo como el hecho de aprender a no creerte todo lo que los pensamientos dicen reducirán la probabilidad de que te quedes estancado en emociones difíciles (que usualmente se alimentan de pensamientos) y te ayudarán a recuperarte más rápidamente cuando estés atrapado en la confusión emocional.

PRÁCTICAS DE LA SEMANA 3

PRÁCTICA DE MEDITACIÓN

Mindfulness de la respiración y de los pensamientos

*(Encontrarás la grabación en
http://cultivarlamente.com/libro-mindfulness-y-emociones/)*

Como en las prácticas de meditación anteriores, procura realizar esta de forma regular, si es posible, todos los días durante una semana, antes de pasar al capítulo o la práctica siguiente. Juntas, las prácticas de mindfulness del cuerpo y la respiración (capítulo 4), mindfulness de las sensaciones (capítulo 5) y mindfulness de los pensamientos (capítulo 6) forman las habilidades básicas de atención plena que utilizaremos en lo que queda de programa para explorar estados emocionales específicos. Por esto es importante dedicar cierto tiempo a cada una de estas prácticas y familiarizarse con ellas antes de seguir adelante.

Lo que sigue es una transcripción abreviada de la meditación guiada en el audio, para quienes prefieran leer primero las instrucciones y después practicar en silencio:

- Siéntate cómodamente y con la espalda recta, pero sin rigidez ni tensión. La intención de esta práctica es combinar un estado de alerta, relajación y calma, cualidades que no suelen ir juntas en la vida cotidiana. La postura del cuerpo favorece la capacidad de asentar la mente y mantener una conciencia no enjuiciadora. Es útil permanecer con la columna recta, la espalda fuerte y el pecho y el abdomen abiertos y relajados.

- Empieza con tres respiraciones diafragmáticas profundas. Después de la tercera exhalación, respira con normalidad: relaja el vientre y deja que el aire entre y salga sin manipularlo en ningún sentido. Concentra la atención en las sensaciones sutiles y sencillas de expansión y contracción del vientre al respirar.

- Practica la conciencia de la respiración (diez minutos).

- Cada vez que observes que la mente se aparta de la respiración (quizás al ponerse a recordar algo o hacer planes para el futuro),

125

simplemente nota que se ha ido y, a continuación, tráela amablemente de vuelta a la respiración. Tanto como te sea posible, deja que este proceso se produzca sin juicios y sin luchas internas. La divagación mental no es ningún error, sino algo propio de la naturaleza de la mente. Una vez consciente de que se ha dispersado, ¿eres capaz de dirigir de nuevo la atención a la respiración, con paciencia? No es necesario rechazar los pensamientos. Simplemente nota que estás pensando y proponte redirigir la atención a la respiración, dejando que los pensamientos, o cualquier otra distracción que llame tu atención, desaparezcan por sí mismos y de forma natural. A veces es útil recordar que los pensamientos y otras «distracciones» son parte de la meditación en el mismo grado que lo son los momentos de conciencia de la respiración.

- Practica la conciencia de los pensamientos (entre diez y quince minutos).
- Cuando observes que aparece un pensamiento, quédate con la conciencia de su existencia, sin intentar librarte de él y sin dejar que te arrastre. Observa qué ocurre con tus pensamientos al observarlos. Si ves que el pensamiento se desvanece después de observarlo, vuelve la atención a la respiración.
- Puede ser útil etiquetar los pensamientos a medida que aparecen. Puedes emplear una etiqueta general, por ejemplo «pensamiento», o alguna más específica, como «plan», «juicio» o «preocupación». Por ejemplo, el pensamiento: «Esto es muy aburrido» se puede etiquetar como «juicio». Si las etiquetas más específicas hacen proliferar los pensamientos, no te compliques y usa la etiqueta general de «pensamiento».
- Cada vez que aparezca un pensamiento, ponle una etiqueta y observa qué ocurre, sin analizarlo ni dejar que tome toda tu mente. Observa el contorno o la categoría del pensamiento, evitando ser absorbido por su contenido. Permanece identificado lo mejor que puedas con aquella parte de ti que es consciente de que piensas.
- Cuando veas que la mente se te ha ido detrás de algún pensamiento, vuelve a centrar la atención en la respiración y, a continuación, reanuda la observación de los pensamientos.

- Los pensamientos pueden ser muy seductores, en particular durante la meditación sentada. Puede ser útil imaginar la atención como un foco que puedes dirigir hacia el objeto principal de la meditación, sea este la respiración, el sonido, las sensaciones o los pensamientos. Con este foco se puede ver la experiencia con la luz clara de la conciencia no enjuiciadora.

- No es necesario que busques los pensamientos ni que los alejes. Utilizando la respiración como objeto principal de la conciencia, deja que la atención se dirija por completo al pensamiento en el momento en que te des cuenta de que estás pensando. Luego, además de etiquetar el pensamiento, observa qué sucede a continuación.

- Termina la meditación dedicando uno o dos minutos a devolver la atención a las sensaciones simples de la respiración entrando y saliendo de tu cuerpo.

Mindfulness de los pensamientos: preguntas frecuentes

- *«La mente no dejaba de pensar»*.
  No es ningún problema. En realidad, cada pensamiento que te acude a la mente es una oportunidad para practicar la conciencia plena de los pensamientos. La cantidad de pensamiento discursivo irá disminuyendo con el tiempo, pero este no es el objetivo del ejercicio. Se trata sencillamente de llegar a ser consciente de los pensamientos, de verlos como tales.

- *«En este ejercicio a veces me llegan pensamientos importantes, como recuerdos de mi infancia, y no sé qué hacer con ellos»*.
  Cuando conectamos con la conciencia, empezamos a acceder a recursos que antes no teníamos a nuestra entera disposición. A mindfulness se le llama la práctica de *insight* (toma de conciencia) porque está pensada para sortear el pensamiento discursivo y permitir así el acceso a una parte más profunda de la mente. No es infrecuente que afloren recuerdos profundamente enterrados, muchas veces acompañados de una toma de conciencia importante. Otras veces, surgen percepciones que son transpersonales: ideas que se extienden más allá de la historia o la identidad personales,

revelando la naturaleza de la propia realidad. En ambos casos, conviene observar la experiencia sin ningún tipo de apego. Las percepciones y los recuerdos importantes ya han aflorado, y su valor no se perderá si los observas sin seguirlos ni tratar de atraparlos.

- *«Empecé a ver lagunas entre los pensamientos. ¿Qué debo hacer en estos casos?»*.

  No es raro que comiences a notar entre los pensamientos espacios en que no hay pensamientos. No te apegues a las lagunas de silencio mental, y ejercita la simple observación de esos espacios de silencio cuando aparezcan, del mismo modo que practicas la observación de los pensamientos cuando están presentes.

- *«Es evidente que no me va este ejercicio. Siempre que lo hago, me pierdo por completo en mis pensamientos»*.

  ¿Te das cuenta de que esto también es un pensamiento? Si lo notas, ya estás haciendo la práctica. Aun después de años de práctica son habituales las sesiones de meditación en que nos perdemos completamente en el torrente de pensamientos. Evita juicios definitivos sobre tu capacidad, porque son juicios autolimitantes. Cuando hable el crítico en tu mente, simplemente etiquétalo de «pensamiento», o llámalo y salúdalo: «Hola, crítico, gracias por la información», y sigue practicando.

- *«Cuando estoy etiquetando pensamientos, ¿cómo de específicas deben ser las etiquetas?»*.

  En realidad, no importa. Los puedes etiquetar sencillamente como «pensamiento», o ser más concreto y utilizar etiquetas como «recuerdo», «plan», «análisis», «juicio», «preocupación», etc. Observa qué es lo que mejor te funciona para reconocer los pensamientos tal como son: pasajeros, relativos, insustanciales... y no tú.

- *«¿Qué puedo hacer si surge algún pensamiento que provoque una emoción intensa?»*.

  Durante la meditación pueden aparecer emociones intensas, y es una buena oportunidad para observar de primera mano la conexión entre los pensamientos y las emociones. Exactamente igual que en el trabajo con los pensamientos, observa la emoción sin aferrarte a ella ni intentar alejarla, simplemente notando cómo aparece y luego poco a poco se desvanece. Si la emoción te abruma en exceso, haz entre cinco y diez respiraciones profundas y practica la conciencia de la respiración durante algunos minutos antes de volver a la práctica principal.

• *«A veces me distraen la cantidad de instrucciones para esta práctica guiada».*
Las personas necesitamos distintos grados de guía y orientación. Si en tu caso las instrucciones son demasiadas, simplifica el proceso. Léelas solo un par de veces y recuerda los puntos esenciales de la práctica. Una vez que conozcas las instrucciones básicas, puedes practicar sin ninguna guía, quizás solo con un cronómetro para controlar el tiempo. (Nota: cuando nos sentamos para la meditación, nos gusta utilizar una aplicación gratuita llamada Insight Timer).

Registro de prácticas

Cada día que practiques la conciencia de la respiración y la conciencia de los pensamientos, completa el siguiente registro. Hacer un seguimiento de las ideas que te surjan con las prácticas te ayudará a integrar lo que vayas aprendiendo de tu experiencia. Encontrarás copias adicionales de este registro en http://cultivarlamente.com/libro-mindfulness-y-emociones/.

Día y hora	¿Qué fue lo más destacado de esta práctica?

Día y hora	¿Qué fue lo más destacado de esta práctica?

OBSERVACIÓN DE CAMPO

¿Estoy seguro?

Durante esta semana, practica la conciencia plena de tus pensamientos y observa en particular cómo los distintos pensamientos y sus diferentes patrones influyen en tus emociones, tu estado de ánimo y tu forma de reaccionar ante los demás. Siempre que compruebes que te quedas «colgado» en algún pensamiento (por ejemplo, una idea fija, una creencia limitante sobre ti mismo o los demás o algún juicio radical sobre una determinada situación), limítate a preguntarte con una mente abierta y curiosa:

- ¿Realmente es verdad?
- ¿Estoy seguro de que es así?
- ¿Hay otras formas de interpretar esta situación?
- ¿Puede haber otros puntos de vista o alguna información adicional que no esté teniendo en cuenta?

Practica la observación de tus pensamientos con cierto sano escepticismo, y observa si consigues reconocer que, por intenso que un pensamiento puntual pueda ser, «también este es un pensamiento».

Notas de campo

_____

_____

_____

_____

_____

_____

_____

Los pensamientos son eventos mentales que a menudo confundimos con verdades absolutas sobre nosotros mismos y sobre los demás. Están estrechamente relacionados con las emociones, por lo que aprender a reconocer que no somos nuestros pensamientos contribuye significativamente al equilibrio emocional.

Como hemos visto en este capítulo, la conciencia de los pensamientos (ser testigos de ellos sin identificarnos con ellos) nos abre la puerta a formas alternativas de interpretar cualquier situación, reduciendo así los patrones reactivos de apego, aversión y evitación. Aunque a primera vista pueda parecer difícil, extraño o incluso irrelevante, es perfectamente posible aprender a reconocer un pensamiento como lo que es: un pensamiento. La capacidad que permite este aprendizaje se llama conciencia. La relación entre la conciencia y los pensamientos es similar a la relación entre el cielo y las nubes. En la meditación de *mindfulness*, nos comenzamos a identificar con la conciencia (el cielo) y cultivamos la capacidad de reconocer los pensamientos (las nubes) como fenómenos transitorios y relativos.

Capítulo 7

Explorando el perdón

La llave que abre el corazón

U no de los desafíos más importantes en el camino hacia el equilibrio emocional está relacionado con las heridas emocionales que arrastramos del pasado. Si has llegado ya a la adultez, es probable que hayas sufrido tu cuota de desilusiones, dolores, injusticias, traiciones, humillaciones y negligencias. También es altamente probable que hayas sido responsable, conscientemente o no, del sufrimiento de *otras personas*. En algunos individuos, estas heridas pueden ser relativamente pequeñas –pequeñas piedrecitas– pero para muchos, estas heridas tienen el peso de grandes rocas con las que cargamos y que, sin embargo, nos cuesta soltar. Aunque no hayas sufrido grandes traumas personales, probablemente acarrees algunas heridas relacionales del pasado. Y en términos generales, y dado que somos miembros de la familia humana, también nos podemos identificar con las víctimas de grandes injusticias, como los ataques terroristas, las muertes de civiles en las guerras, la brutalidad de las dictaduras y hasta la obscena brecha entre ricos y pobres en algunas sociedades.

En este capítulo miraremos de cerca qué es el perdón y cómo trabajar con el resentimiento, para así poder empezar a curar nuestra relación con el pasado y abrir espacio para la felicidad eudaimónica. Pero antes de iniciar el estudio de qué es el perdón y cómo cultivarlo, conviene hacer una advertencia. En este capítulo y en los siguientes, hablaremos de temas que pueden ser un tanto desafiantes, y es natural que pueda surgir cierta resistencia. Es posible que te sientas tentado a dejar de practicar, saltarte capítulos o abandonar el programa por completo.

Si así te ocurre, ten la seguridad de que es precisamente esta voluntad de afrontar lo difícil la que aporta el elemento curativo esencial a las prácticas de la conciencia. Sin embargo, este gesto de ver de frente puede ser tan suave, lento y gradual como lo necesites. No hay auténtica transformación que se pueda forzar, pero todas las verdaderas transformaciones requieren esfuerzo. Familiarizarse con lo difícil no solo genera mayor estabilidad interior para tiempos aciagos, sino que también ayuda a convertir lo difícil en algo significativo.

¿QUÉ ES EL PERDÓN?

El perdón es la manera que tiene el corazón de saber cómo curar las inevitables heridas y decepciones de la vida. Implica suavizar el corazón y soltar el resentimiento y la ira hacia quienes nos han herido, traicionado o abandonado (incluidos nosotros mismos). No hay duda de que es muy difícil siquiera pensar en el perdón cuando nos sentimos heridos y, como veremos, el perdón no puede ser apresurado ni impuesto. El corazón tiene sus propios ritmos orgánicos de abrirse y cerrarse, ritmos que hay que respetar. Pero uno de los aspectos hermosos de la mente y el corazón humanos es que el perdón, como otros estados profundamente curativos —como el amor, la compasión y la alegría— se puede cultivar conscientemente.

¿Por qué podría ser importante cultivar el perdón? Imagina por un momento cómo sería el mundo si no existiera el perdón. ¿Te imaginas vivir en un planeta en que cada uno de los siete mil cuatrocientos millones de seres humanos arrastrara consigo cada herida y cada resentimiento acompañados de ira y deseo de venganza? Incluso desde una perspectiva biológica, el perdón se podría entender como una estrategia de supervivencia para la humanidad, porque sin él nuestra especie se habría aniquilado a sí misma en interminables escaladas de venganza. Así pues, el perdón tiene sentido no solo desde el punto de vista moral, sino también desde una mirada pragmática.

Desde tiempos inmemoriales, las grandes tradiciones de sabiduría han insistido en que el perdón es la vía para llegar a una paz duradera. En el *Dhammapada*, una serie de versos atribuidos a Buda, se dice: «Nunca en este mundo el odio ha disipado el odio. Solo el amor disipa el odio» (I, 5). Más cercano a nuestro tiempo, y basándose en una tradición religiosa distinta pero con una intuición espiritual similar, Martin Luther King afirmó: «Como método para lograr la justicia racial, la violencia es, a la vez, poco práctica e inmoral. Es poco práctica porque es una espiral descendente que conduce a la destrucción total. La antigua ley del ojo por ojo nos deja a todos ciegos» (King, 1983, pág. 73).

Soltar el resentimiento y el deseo de venganza podría ser una definición común del perdón y, como idea, tener mucho sentido. Pero incluso cuando existe el deseo de abandonar el rencor y abrir de nuevo el corazón, puede haber algo que obstaculice el camino del perdón. Algunos de estos obstáculos son creencias fijas sobre qué es y qué no es el perdón.

Antes de proseguir, quisiéramos invitarte a que explores tus propias creencias sobre el perdón.

EJERCICIO

Por favor, escribe a continuación las respuestas a cada pregunta, dedicando unos minutos a reflexionar sobre lo que realmente crees:

1. ¿Quién se beneficia del perdón?

_____

_____

_____

2. ¿Son lo mismo el perdón y la reconciliación? Si no lo son, ¿cuál es la diferencia?

_____

_____

_____

_____

3. ¿El acto de perdonar le resta importancia a la ofensa o exime de responsabilidad a quien se perdona?

_____

_____

_____

_____

4. ¿Es el perdón signo de debilidad o fortaleza? ¿Por qué o por qué no?

_____

_____

_____

_____

5. ¿El perdón exige una disculpa?

_____

_____

_____

_____

6. ¿El perdón es un proceso, o se produce en un momento? ¿Se puede forzar?

_____

_____

_____

_____

7. ¿Perdonar siempre implica olvidar? Explica tu respuesta.

_____

_____

_____

_____

_____

Ahora nos gustaría compartir contigo respuestas a estas preguntas de otras personas que han sufrido mucho y, sin embargo, han sido capaces de perdonar. No hay «respuestas correctas», sino simplemente otras perspectivas que pueden iluminar y ampliar la nuestra.

El perdón es la libertad de una prisión interior

Aunque muchos coincidan en que uno mismo es el que recibe el mayor beneficio cuando perdona a otra persona, usualmente actuamos como si el perdón fuera un regalo que le hiciéramos, y nos quitamos a nosotros mismos de la ecuación. Si realmente comprendiéramos que el perdón es ante todo un acto de autocompasión, nos sentiríamos menos inclinados a aferrarnos al resentimiento. Alguien ha dicho que el resentimiento es como tomar veneno esperando que se muera el enemigo. Puede parecer un símil exagerado, pero apunta a algo importante: el rencor afecta principalmente a quien lo siente, no a su destinatario. Los efectos a largo plazo del resentimiento pueden ser venenosos para la mente y el cuerpo.

Hay una historia de dos monjes tibetanos que se encuentran al cabo de varios años de ser liberados de una prisión china, donde fueron torturados por los carceleros:

—¿Los has perdonado? –preguntó un monje.

El otro replicó:

—¡Desde luego que no! ¡Nunca los perdonaré!

—Bueno –dijo el primer monje–, supongo entonces que todavía te tienen encarcelado, ¿no?

La ira y el rencor pueden ser como los barrotes de una *prisión interior* que, literalmente, nos limitan la visión, nos entorpecen la imaginación y nos debilitan la autodeterminación.

Cuando vivimos con rencor, cedemos nuestro poder a aquellos con quienes estamos resentidos. Se dice que, al preguntarle un periodista si odiaba a los chinos, el Dalái Lama respondió: «Los chinos nos lo han quitado todo. ¿Por qué iba a darles también mi mente?». En su respuesta, él no dice que esté más allá del enojo, sino que prefiere seguir siendo responsable de su propia mente y continuar cultivándola, en vez de ceder su poder personal y asumir la identidad de víctima. Esta actitud nada tiene que ver con la pasividad ante el abuso; implica simplemente responder desde un espacio de sabiduría, en lugar de reaccionar desde el resentimiento.

EXPERIMENTO
Los efectos de no perdonar

¿Alguna vez has sido incapaz de perdonar? Piensa en cómo afectó a tu vida esa decisión. Si no perdonar fue una estrategia para conseguir algo, ¿qué tal te funcionó?

_____

_____

_____

_____

_____

_____

El perdón es diferente a la reconciliación

La distinción entre perdón y reconciliación es importante, y no siempre evidente. Perdonar es un proceso de dejar ir, no de excusar a la otra persona ni tampoco de reconciliarse con ella. La reconciliación es algo maravilloso cuando es posible, pero no es lo mismo que el perdón. Es más compleja, porque implica que ambas partes estén dispuestas a curar las heridas y a restablecer una relación dañada. También exige que la persona que cometió la falta manifieste auténtico remordimiento y un claro compromiso de cambiar su forma de comportarse.

Perdonar, en cambio, significa liberar el propio corazón y soltar la ira y el deseo de venganza. Por lo tanto, la reconciliación es imposible si no existe el perdón, pero es perfectamente posible perdonar sin reconciliarse. Las disculpas del ofensor, si son sinceras, resultan de gran ayuda; si no lo son, hacen más daño que beneficio. Pero la disculpa, como la reconciliación, no es requisito previo para el perdón. Desmond Tutu, que ha desempeñado un papel clave en la sanación de las heridas que dejaron la crueldad y la violencia del *apartheid* en Sudáfrica, dijo: «Si la víctima solo pudiera perdonar cuando el culpable ha confesado, estaría prisionera del capricho de este, encarcelada en su condición de víctima, cualquiera que fuese su propia actitud o su intención. Sería algo claramente injusto» (Tutu, 1999, pág. 272).

Hay casos en que no se puede curar la relación con el otro «exterior», por ejemplo, cuando se trata de recuerdos difíciles de un padre o madre ya fallecidos. En estos casos, el perdón nos puede ayudar a sanar la relación con nuestro otro «interior» (nuestro recuerdo del otro).

Por último, puedes perdonar a alguien y mantener la decisión de no volver a verle jamás. Nadie debería estar obligado a vivir su vida en una relación tóxica o abusiva. Esto significa que, aunque no podamos mantenernos en contacto con alguien, sí podemos desearle lo mejor. No olvides que muchas de las personas que hoy nos despiertan rechazo fueron importantes y queridas en algún momento, y ahora hay otros que las quieren.

Perdonar no minimiza, condona ni le resta importancia a la ofensa

Un temor habitual que surge al pensar en perdonar a alguien es que podamos dejar libre de responsabilidad a esa persona o transmitirle el mensaje de que nos parece bien lo que hizo, lo cual, naturalmente, abre la temible posibilidad de que se repita la historia. Pero, de hecho, cuando perdonamos lo que hacemos es librarnos del anzuelo del rencor y la ira; algo completamente distinto es lo que luego ocurra con la otra persona.

Margaret preguntó a un grupo de pacientes de cáncer si el perdón quita importancia a la ofensa, y uno de ellos le dio una respuesta muy aguda: «Mi inteligencia me dice que no, pero el sentimiento dice que sí». ¡Este es el dilema! Y a veces la única forma de superar estos sentimientos es sacarlos a la luz del día. El verdadero perdón expone el horror, el abuso, el dolor, el sufrimiento y la verdad.

El perdón no barre ni esconde nada debajo de la alfombra, ni le pone una pegatina de carita sonriente a la injusticia. Perdonar no convierte en correcto un acto inmoral o doloroso. Al contrario, dice: «Lo que ocurrió duele, pero he decidido seguir adelante con mi vida». Es importante darse cuenta del hecho –y aceptarlo– de que si perdonamos o no a la otra persona no tiene nada que ver con controlar sus intenciones, decisiones o acciones. Las personas hacen lo que hacen. Lo que *nosotros* podemos hacer es cambiar nuestra relación con lo ocurrido en el pasado y poner límites sanos en el presente.

Muchos piensan que perdonar y condonar es lo mismo. Sin embargo, condonar sugiere que la ofensa está bien, es algo aceptable e inocuo. Pero perdonar es todo lo contrario. El perdón indica que el daño es real; de lo contrario, ¿por qué molestarse siquiera en perdonar?

El perdón exige fortaleza interior y la incrementa

Muchas personas tienen claro que el perdón no es signo de debilidad; sin embargo, se sienten como un pelele si perdonan. También les preocupa que el perdón las exponga a más sufrimiento. En este sentido, conviene distinguir entre ceder y perdonar, ya que son dos mundos opuestos. Ceder significa que no hay voluntad o suficiente fuerza para seguir luchando. Es como decir: «Vale, tú ganas». Y puede parecer una flaqueza, o al menos como si de algún modo hayas decidido algo que no deseabas. Aunque pueda dar la sensación de que algo se ha resuelto, no te hace sentir bien. El perdón, aunque sea difícil, genera una sensación positiva. Si te hace sentir mal, es señal de que algo más está sucediendo.

En una entrevista que le hicieron en 1931, le preguntaron a Mahatma Gandhi si pensaba que era insensato perdonar a Gran Bretaña, que había sido responsable de tantas muertes en la India, a lo cual respondió: «No conozco un solo caso en que se haya visto que el perdón supusiera tal debilidad que lo convirtiera en una imprudencia [...] Los débiles nunca pueden perdonar. El perdón es atributo de los fuertes» (Gandhi, 2000, pág. 302). Asimismo, en el *Bhagavad Gita* se subraya la relación entre la fortaleza y el perdón: «Si quieres ver el heroísmo, fíjate en quienes, ante el odio, son capaces de amar. Si quieres ver la valentía, busca a aquellos que saben perdonar». Si lo piensas bien, la idea de que los iracundos y vengativos son heroicos y valientes solo funciona en las películas de Hollywood. Hace falta mucha fuerza de carácter para ser capaz de perdonar y adoptar una postura no violenta, en vez de reaccionar instintivamente a puñetazos.

El perdón es un proceso que no se puede forzar

No es necesario perdonar para siempre. Esta es la buena noticia. Puedes hundir los dedos de los pies en las relajantes aguas del perdón y luego regresar al paisaje árido pero familiar del no perdón, si esto es lo que necesitas. Hay procesos que requieren tiempo y que dependen de muchos factores, especialmente de la gravedad de las heridas que sufriste.

El perdón se puede cultivar, pero no se puede forzar. El jardín, nuevamente, es una buena metáfora de este proceso. No puedes obligar a la planta a que florezca ni que dé fruto, por mucho que hayas cuidado de ella. Al mismo tiempo, si no siembras, riegas ni abonas el jardín, no habrá flores. Aunque las estaciones del corazón sean a menudo insondables para la mente, tienen sus propias leyes, igual que los ciclos de la naturaleza. La pérdida y el sufrimiento son inevitables, y el corazón tiene sus propias maneras de afrontar estas adversidades. El duelo puede ser a veces evidente y reconocible, y en otras ocasiones puede permanecer en lo profundo durante mucho tiempo, bastando con un momento de práctica o de percepción para que el corazón lo libere.

También es importante tener en cuenta que el proceso de perdonar no es simple ni lineal. A medida que vayas haciendo las prácticas de *mindfulness* irás adquiriendo mayor capacidad para dejar de identificarte con los sentimientos de ira y rencor, así como con los discursos mentales que te tienen aprisionado en el victimismo. Sin embargo, es probable que la mente se te nuble una y otra vez con emociones y pensamientos intensos; al fin y al cabo, han sido entrenados durante mucho tiempo. La clave está en la paciencia y la constancia. Como el buen jardinero, sigue arrancando pacientemente las hierbas del rencor y el resentimiento, y regando el perdón.

Superar el resentimiento no implica olvidar

La idea equivocada de que perdonar significa olvidar parece estar en la base de mucho sufrimiento. Bastantes de los conflictos del mundo se deben en parte al miedo a que perdonar el mal causado implique una falta de lealtad hacia quienes hayan sufrido. Todos conocemos familias cuyos miembros llevan años sin hablarse. En muchos casos, nadie recuerda qué desencadenó ese conflicto, pero los bandos quedaron definidos, se trazaron las líneas que los separan y traspasarlas implicaría ser desleal. Los actos de venganza pasan de una generación a otra. Puede existir incluso temor a ser desleales a *nuestro propio* sufrimiento, como hermosamente expresan las palabras del maestro sufí Hazrat Inayat Khan: «No te preocupes por ser desleal con tu dolor por ser feliz».

Pero perdonar no es olvidar. El perdón es tu forma de sostener en el corazón algo que estuvo mal al tiempo que das los pasos necesarios para corregirlo y prevenir que se repita. Afortunadamente, tenemos grandes ejemplos de personas que transitaron este camino antes que nosotros, y no solo sobrevivieron a las terribles injusticias y la violencia que ellas mismas y sus seres queridos padecieron, sino que demostraron que el perdón puede transformar el dolor más profundo que provoca la violencia sin sentido en amor y servicio hacia los demás.

Immaculée Ilibagiza es una mujer tutsi que sobrevivió el genocidio de Ruanda gracias a que un pastor hutu la escondió, a ella y a otras siete mujeres, en un diminuto baño de su casa durante noventa y un días. En su libro *Sobrevivir para contarlo* (Ilibagiza, 2006), describe la pesadilla de ocultarse en aquel pequeñísimo espacio mientras fuera oía a los hutus sedientos de sangre que juraban que le darían caza y la matarían. Todos sus familiares fueron asesinados salvo un hermano que en aquel momento estaba estudiando en Senegal. Ilibagiza obtuvo en su fe la fuerza necesaria para perdonar a quienes asesinaron a su familia y se convirtió en una voz importante en la ruptura del ciclo de violencia de Ruanda.

Otro héroe moderno del perdón es Izzeldin Abuelaish. Abuelaish es un médico palestino licenciado en salud pública por Harvard.

También fue el primer médico palestino en ocupar un puesto en un hospital israelí. Durante la guerra de Gaza de 2008-2009, el fuego de un tanque acabó con la vida de tres de sus hijas mientras se encontraban en casa. Decidió perdonar el asesinato de sus hijas, algo casi imposible de imaginar siquiera para la mayoría de los padres. Dos años después escribió un libro, *No voy a odiar* (Abuelaish, 2011) y creó la Fundación Hijas por la Vida en memoria de sus tres hijas. La misión de la fundación es «promover la educación y la salud de las niñas y mujeres de Oriente Medio. Creemos que la paz duradera en Oriente Medio depende de empoderar a las jóvenes y las mujeres mediante la educación, para desarrollar voces fuertes con las que mejorar la vida en todo Oriente Medio» (www.daughtersforlife.com).

Estas son solo dos historias entre innumerables otras que nos pueden motivar a transformar el dolor en acciones llenas de sentido con la fuerza del perdón. Casi en cualquier momento de la historia humana en el que esté presente el horror, también brillan la fuerza y la sabiduría del espíritu humano.

LOS CUATRO PASOS HACIA EL PERDÓN

Tal vez pienses: «De acuerdo, estoy dispuesto a intentarlo. ¿Cómo lo hago?». Muchas personas desean intentar perdonar, pero sencillamente no saben cómo hacerlo. Los siguientes son cuatro pasos sencillos que pueden abrir las puertas del corazón a la paz y la libertad. Los tres primeros implican reflexionar y familiarizarse con una determinada perspectiva. El cuarto es la propia práctica de la meditación, que puedes realizar formal o informalmente, durante el tiempo que te parezca oportuno. Es útil concebir el perdón como una habilidad que se puede mejorar y ampliar con la práctica, tal como tocar el piano.

Paso 1: reconoce que existe el sufrimiento. Cualesquiera que sean las dificultades en que te encuentres, no estás solo. Nadie se ha conjurado en tu contra, ni eres culpable de tu sufrimiento. Acepta el hecho de que, por mucho daño que te hayan hecho los demás, también tú has causado daños. Todos cometemos errores; herimos a otros y vamos a ser heridos por otros, en especial por quienes más queremos; por lo tanto, si vivimos e interactuamos con otras personas, el perdón no es opcional, sino necesario. Las dificultades, los malentendidos y las ofensas simplemente forman parte de la condición humana. Podemos hacer lo posible por reducirlos, pero no nos podemos librar completamente de ellos.

Paso 2: imagina la perspectiva de la otra persona. Cuanto más capaces seamos de ver a nuestros enemigos como seres humanos tal como nosotros, más difícil resultará condenarlos. Observa cualquier resistencia que aparezca cuando imaginas el sufrimiento de quienes te han hecho daño. Es algo común y fácilmente se puede endurecer en forma de hábito, pero no debemos confundir lo habitual con lo natural. Bajo el hábito de reducir a nuestros enemigos a la caricatura unidimensional del «malo» está la capacidad del corazón humano de desarrollar la compasión por todos. Henry Wadsworth Longfellow escribió: «Si pudiéramos leer la historia secreta de nuestros enemigos, en la vida de todas las personas encontraríamos penas y sufrimientos suficientes para desarmar cualquier hostilidad» (Longfellow, 2000, pág. 797). De acuerdo con diferentes tradiciones contemplativas, la misma hostilidad es una expresión de sufrimiento y, en el marco de la Comunicación No Violenta (Rosenberg, 2003), las conductas poco hábiles (aquellas que causan sufrimiento) se consideran «expresiones trágicas de necesidades no satisfechas» (véase el capítulo 11). Para intuir las necesidades y el sufrimiento ocultos en las acciones desagradables y dolorosas de los demás debemos cultivar nuestra imaginación moral, ponernos en los zapatos del otro y contemplar el mundo desde su perspectiva, una actitud casi siempre aleccionadora y que nos abre el corazón.

Paso 3: observa las consecuencias para ti y para los demás. ¿Cuáles son los efectos que sientes en este momento —en el cuerpo, en la mente, en tu energía, en tus pensamientos, en tus relaciones— de permanecer en el estado de *no* perdonar? ¿Cuáles podrían ser las consecuencias de perdonar? ¿Qué podríais ganar y perder, tú y los demás? Dada la relación entre no perdonar y diversas dolencias físicas y psicológicas, en los últimos quince años han aumentado exponencialmente los estudios sobre el perdón. Este se ha asociado a menos estrés e ira (Harris *et al.*, 2006), menor depresión y ansiedad, niveles más bajos de colesterol (Friedberg, Suchday y Srinivas, 2009), mejor sueño (Stoia-Caraballo *et al.*, 2008) y menor dolor de espalda (Carson *et al.*, 2005), por nombrar solo algunos hallazgos. ¿Es posible que el hecho de no perdonar esté asociado a estas u otras dificultades que puedas tener en tu propia vida?

Paso 4: practica la meditación para cultivar el perdón. El perdón, como la felicidad, es una habilidad que se puede aprender y practicar. No es necesario esperar a que te llegue la inspiración o la gracia. En este capítulo hay una meditación guiada sobre el perdón. Prueba a practicarla durante al menos una semana y observa qué ocurre. Algunas personas notan que, pese a la aparente cerrazón y sequedad del corazón, la práctica del perdón y de inclinar la mente en esa dirección cada día mejora notablemente su calidad de vida.

PRÁCTICAS DE LA SEMANA 4

PRÁCTICA DE MEDITACIÓN
Meditación para cultivar el perdón

*(Encontrarás la grabación en
http://cultivarlamente.com/libro-mindfulness-y-emociones/)*

Para la siguiente meditación guiada sobre el perdón, siéntate y busca, en un lugar silencioso y tranquilo, una postura que propicie la comodidad, la relajación y un estado de alerta. Para realizar este ejercicio puedes leer las instrucciones siguientes, o simplemente seguir las instrucciones guiadas del audio.

Antes de empezar, puede ser útil recordar que el corazón se abre y se cierra a su propio ritmo. Al trabajar con este ejercicio, observarás diferencias de un día a otro. El perdón no se puede forzar, pero se puede cultivar. El primer paso siempre es aceptar lo que esté aquí, en este momento. También puede ayudar recordar que el perdón no excusa, condona ni justifica las acciones dañinas. Tampoco exige que te reconcilies con la persona que te ha lastimado, ni que la busques, ni siquiera que hables con ella. Simplemente es un movimiento del corazón, es activar esta capacidad presente en el corazón de sanarse a sí mismos a través del reconocimiento del dolor y después decidir soltarlo, con la determinación de no dejar que la amargura o el rencor endurezcan el corazón.

- Empieza con tres respiraciones diafragmáticas profundas, dejando que en cada inspiración se vaya calmando el sistema nervioso y llevando la conciencia al momento presente. Después de la tercera exhalación, deja que la respiración recupere su ritmo normal, como lo hace cuando no la manipulas.

- Al respirar, centra paulatinamente la atención en la zona del pecho, percibiendo la expansión y la relajación de este al entrar y salir el aire. Comprueba si puedes encontrar el «centro del corazón» —ese punto suave situado en el centro del pecho donde sentimos el amor y la tristeza— y procura imaginar que inhalas y exhalas desde este lugar. Ahora, observa cómo te sientes en este momento... justo en el centro del pecho... ¿Qué hay ahí? ¿Sientes algún tipo de tensión o de temblor? ¿O tal vez un cierto adormecimiento? ¿Quizás suavidad, sensibilidad o amplitud?

- Dedica un momento a respirar suavemente en el centro del corazón y observa cualquier barrera que hayas erguido o cualquier sentimiento que hayas estado llevando contigo porque no te has perdonado a ti mismo o no has perdonado a los demás. Permítete sentir el dolor que te produce mantener el corazón cerrado. Busca los espacios del corazón que no han perdonado.

El perdón de los otros

- Ahora, respirando suavemente, recuerda y visualiza maneras en que hayas podido hacer daño a los demás. Usualmente es más efectivo empezar con cosas pequeñas y traer a la mente solo aquello que puedas sostener con amabilidad y ecuanimidad. Tanto como te sea posible, contempla el dolor que has causado a partir de tu propio miedo y confusión, sintiendo la tristeza y el arrepentimiento que puedan surgir al hacerlo, tolerando el dolor de la situación, el de los otros y el tuyo, con toda la ternura que tengas. Siente la posibilidad de soltar esas cargas finalmente a través del hecho de pedir perdón. Toma todo el tiempo que necesites para imaginar cada recuerdo, cada situación que aún te pesen en el corazón. Y luego, a medida que aparecen en tu mente las diferentes personas, repite en tu mente: «Por todas las formas en que he podido herirte o hacerte daño, te pido perdón. Te pido perdón».

- Permítete recordar y sentir el miedo, el dolor, la ira o la confusión que te llevaron a hacer daño a esa persona y después, en silencio, continúa pidiendo perdón.

- Con «los ojos del corazón», observa cómo esas acciones dolorosas también fueron «expresiones trágicas de tus propias necesidades insatisfechas». Tal vez la necesidad de que te quisieran o respetaran, o la de sentirte seguro y en paz. Y date cuenta de que el hecho de que hagamos daño a los demás tanto como ellos nos lo han hecho a nosotros simplemente nos convierte en miembros de la familia humana. Permítete conectar con este dilema humano: cómo todos actuamos a veces por debajo de nuestros ideales y que a menudo no sabemos qué es lo que necesitamos, ni mucho menos cómo satisfacer estas necesidades.

El perdón a uno mismo

- Ahora dedica un momento a sentir tu propio cuerpo y tu preciosa vida. Siente la respiración, cómo sostiene tu existencia momento a momento, y el milagro de tu cuerpo, tu corazón y tu mente.

- Trae a tu mente las maneras en que te hayas podido causar daño. Podemos ser especialistas en sabotearnos a nosotros mismos. Intenta llevar la misma conciencia sincera pero amable a las maneras en que te hayas provocado sufrimiento, sea con la autocrítica, comiendo en exceso o por cualquier daño físico que te hayas infligido. Al imaginar estas situaciones, deja que se abra el corazón, conmovido por estas expresiones de traición o abandonado a ti mismo. Conecta con la tristeza que has arrastrado y siente la posibilidad de soltar ese peso. Extiende el perdón a cada acto dañino, uno por uno, repitiendo en tu mente: «Por todas las maneras que me he hecho daño por acción o falta de acción, a partir de mi miedo, dolor o confusión... me perdono de corazón... Me perdono. Me perdono». ¿Qué sientes, en este preciso instante, al ofrecerte el regalo del perdón?

El perdón a los demás

- Y ahora piensa en quienes te hayan podido herir o hacer daño. Aquí es especialmente importante empezar con heridas pequeñas, no las más difíciles. Siente el dolor que arrastras del pasado. ¿Notas el lugar del corazón que anhela liberarse de esta carga? Hay tantos modos en que hemos podido ser heridos por otros, maltratados o abandonados, de manera consciente o inconsciente, a través de hechos, pensamientos o palabras... Al recordar cada incidente, acuérdate de que cada persona también te ha causado sufrimiento por su propio miedo, por su ceguera y su dolor.

- Ahora siente que puedes quitarte este peso del dolor extendiendo paulatinamente el perdón a medida que el corazón esté dispuesto, permitiendo que emerjan las imágenes y los sentimientos para afrontarlos con ternura. Repite en tu mente, aunque sin forzarlo: «He llevado este dolor en el corazón demasiado tiempo. Tanto como puedo en este momento, te ofrezco mi perdón, te perdono».

- Recuerda que el perdón no condona la ofensa ni le resta importancia. Si esa acción no fuera negativa, no sería necesario perdonarla. Recuerda también que puedes perdonar en este momento y, si te es necesario, volver después al no perdón. O puedes perdonar y descubrir una capa más profunda de tristeza o ira aguardando a que la sientas, la conozcas y la abraces con atención plena. El verdadero perdón exige que lo sintamos todo: al sentir realmente la pena y el dolor, se abre la posibilidad de soltarlos y seguir adelante. Intenta de nuevo «meter los dedos de los pies» en las frescas aguas del perdón, aunque decidas sacarlos de inmediato. En los próximos minutos, continúa recordando las diversas formas en que otros te han causado dolor y observa si el corazón está dispuesto a soltar el resentimiento: «Te perdono... Te perdono...».

- Al final de este ejercicio, dirige la atención de nuevo a las sensaciones que notes en el centro del corazón mientras respiras e intenta impregnar de bondad cada inhalación y de paz cada exhalación. Inhala bondad, exhala paz.
- Concluye la práctica con un momento de celebración por tu coraje y tu compromiso de vivir con el corazón abierto. Que esta práctica te traiga beneficio y también a todos quienes te rodean.

Registro de prácticas

Cada día que practiques la meditación para cultivar el perdón, completa el siguiente registro, del que encontrarás más copias en http://cultivarlamente.com/libro-mindfulness-y-emociones/.

Llevar un registro de las comprensiones que te surjan con las prácticas te ayudará a integrar lo que vayas aprendiendo en tu experiencia.

Día y hora	¿Qué ha sido lo más destacado de esta práctica?

Día y hora	¿Qué ha sido lo más destacado de esta práctica?

OBSERVACIÓN DE CAMPO: EL PERDÓN COTIDIANO

«Sazona» todos los días de la próxima semana con momentos de perdón. ¿Puedes iniciar el día con la decisión de empezar de nuevo, sin arrastrar rencores ni resentimientos? Cada vez que puedas, anota brevemente cómo impacta esta actitud en tu día y en tus interacciones con otros.

Notas de campo

_____

_____

_____

_____

_____

_____

El perdón no se puede forzar ni acelerar, pero sí es completamente posible cultivar un espacio mental en el que pueda emerger. El perdón es un proceso de suavizar el corazón y dejar ir el resentimiento, y, puesto que se trata de un proceso orgánico, es natural que requiera cierto tiempo y esfuerzo hasta que brote de forma espontánea.

Cuando la práctica se te haga difícil, recuerda que el perdón no libera de la responsabilidad ni convierte en bueno un acto dañino. Al contrario, implica reconocer que lo ocurrido efectivamente provocó daño, pero que uno decide seguir adelante con la propia vida. Perdonar es un acto de empoderamiento por el que declaras tu libertad de la tiranía del rencor.

Por último, recuerda que perdonarte a ti mismo es al menos tan importante como perdonar a los demás. De hecho, ambos aspectos están estrechamente relacionados. Por lo tanto, el principal ejercicio consiste en expandir la mente y el corazón para comprender que nuestros defectos y los de los demás forman parte de nuestra común humanidad. Podemos seguir trabajando para sanar las heridas y prevenir futuros sufrimientos, al mismo tiempo que decidimos no dejar fuera del círculo de la atención ninguna parte de la humanidad ni ninguna parte de nosotros mismos.

Agradecemos de corazón las reflexiones profundas e inspiradoras de Jack Kornfield y Fred Luskin sobre el tema del perdón. En «Recursos adicionales» encontrarás la referencia a sus libros sobre el tema.

Capítulo 8

Trabajar con la ira

El arte de prevenir incendios

L as prácticas de *mindfulness* que has estado aprendiendo en los capítulos anteriores están diseñadas para construir recursos internos que puedas emplear en tu camino hacia el cultivo del equilibrio emocional, en particular cuando tengas que lidiar con emociones difíciles. El entrenamiento mental para estar en el momento presente con actitud abierta y no reactiva agudiza tu capacidad de prestar atención, y esta es la herramienta con la que puedes ser consciente de las experiencias emocionales en cuanto se manifiestan en la mente y el cuerpo. Del mismo modo que las personas que inician una práctica de yoga pueden comenzar a sentir partes del cuerpo cuya existencia ignoraban, tal vez reconozcas en tu experiencia que las prácticas de *mindfulness* te estén ayudando a mejorar tu capacidad de percibir sensaciones físicas, pensamientos y patrones emocionales que antes te pasaban desapercibidos.

Esta mayor conciencia es crucial para explorar y sanar las emociones difíciles, precisamente porque los humanos tendemos a evitar todo lo desagradable. Los psicólogos lo llaman «evitación experiencial», y está asociada con todo tipo de problemas emocionales, en particular con la ansiedad y la depresión. La buena noticia es que también sabemos que la práctica de *mindfulness* disminuye la evitación experiencial, lo cual puede ser una de las razones de la efectividad de *mindfulness* para disminuir el malestar emocional y aumentar el bienestar psicológico.

Además de ampliar y afinar la conciencia, la práctica de *mindfulness* también abre un espacio interno amplio y estable desde el cual podemos explorar paisajes interiores más complejos. Igual que el niño pequeño necesita una relación segura con sus cuidadores para sentirse con suficiente confianza para explorar nuevos entornos –el llamado «apego seguro»–, los adultos necesitamos desarrollar una relación segura con nosotros mismos para poder explorar nuestras emociones difíciles. La práctica de *mindfulness* nos ofrece una base estable de calidez y ecuanimidad que surge al relacionarnos con un «apego seguro» con nosotros mismos, dentro y fuera de la sesión de meditación.

También podemos pensar en *mindfulness* como un campamento base al cual regresar para recuperarnos de las expediciones a las profundidades de las emociones difíciles como la ira (este capítulo) y el miedo (capítulo 10). Y contar con este campamento seguro nos permite también no aferrarnos a las experiencias positivas cuando escalamos las altas cumbres de emociones como la alegría, la gratitud y la compasión. Estas son emociones preciosas, y merecen ser conocidas y sentidas. Sin embargo, también pueden complicarse cuando intentamos aferrarnos a ellas, desperdiciando nuestra energía y el momento presente en algo que ya se ha convertido en pasado.

¿Qué es la ira?

La ira es una emoción universal cuya principal función adaptativa consiste en remover obstáculos que nos impiden conseguir objetivos que nos son relevantes. Cuando sentimos ira es porque nuestro cerebro primitivo intenta decirnos que hay que cambiar algo (por ejemplo, que debemos eliminar algo que nos está bloqueando). Compartimos esta emoción con otros mamíferos, incluso con los reptiles. El bebé humano ya viene perfectamente equipado para enfadarse.

Puedes comprobarlo si sujetas a un niño por los brazos detrás de su espalda, impidiéndole que agarre algún juguete que tenga delante y le haya llamado la atención: se enfadará bastante, fruncirá el ceño, tensará los músculos, intentará avanzar hacia el juguete y quizás hasta se pondrá a gritar. Cuando el bebé sea mayor, puede tener una reacción bastante parecida si alguien le cierra el paso en la carretera, sobre todo si va tarde a una reunión importante. La ira también aparece cuando te tratan injustamente a ti o a personas con quienes te sientes conectado, o cuando algo o alguien te impide conseguir lo que te propones o satisfacer tus necesidades.

Aunque es perfectamente posible enojarse con uno mismo (lo analizaremos en el capítulo 11, al hablar de la autocompasión), la energía de la ira por lo general va dirigida hacia fuera y suele ir acompañada de una acusación. Esta tendencia a acusar, criticar, castigar y tomar represalias hace que la ira sea una emoción especialmente difícil de manejar y una gran fuente de sufrimiento interpersonal. Cuando nos sentimos enojados con alguien, nuestro sentido del «yo» y el «otro» tiende a solidificarse en la mente. En este estado, solemos exagerar todo lo negativo de la otra persona y nos volvemos ciegos a sus cualidades positivas, lo cual, a su vez, alimenta la aversión. En nuestra mente enojada, la complejidad y la sutileza del otro se reducen a una caricatura monolítica llamada «el enemigo».

Muchas veces nos preguntamos por qué las personas más cercanas son con las que más nos enfadamos. En primer lugar, quienes mejor nos conocen también saben qué es lo que más nos puede doler. Alguien dijo: «Tu familia sabe cómo apretar tus botones; ellos los instalaron». Pero una razón más profunda es que normalmente es más seguro mostrarse enfadado con alguien cercano que con un extraño. La agresividad que te despierta tu jefe a veces la diriges a tu pareja... porque es menos probable (aunque no imposible) que tu pareja te despida. De hecho, podemos estar frustrados con nosotros mismos y dirigir esa rabia hacia fuera, y es bastante increíble que nos podamos enfadar incluso con objetos inanimados: el ordenador, la puerta, la pared, el zapato... Esto revela algo interesante: aunque sintamos que la fuente está fuera, en realidad la ira viene desde dentro. Los otros simplemente hacen como si fueran el verdadero enemigo, cuando en realidad son nuestros «entrenadores de paciencia», ofreciéndonos oportunidades para explorar y domesticar el hábito de la ira. Si todo el mundo fuera amable y considerado, ¿cómo podríamos entrenar la paciencia?

Hay una historia interesante sobre un hombre que iba navegando en su barca. El día había amanecido claro y soleado, pero al cabo de un rato cayó una densa niebla. El hombre decidió regresar al embarcadero y de pronto observó la silueta de otra barca que avanzaba hacia él.

—¡Mantenga la distancia! –gritó el barquero, por miedo a una posible colisión.

Pero la otra barca seguía aproximándose. El barquero empleó toda su destreza en cambiar rápidamente la dirección de su barca, para dejar más espacio aún a la otra. Al ver que esta también viraba, y que ahora avanzaba directamente hacia él, se enojó de verdad.

—¡Fuera de mi camino! –gritó de nuevo, pero la otra barca no dejó de acercarse, hasta que chocó con la del barquero.

El hombre estaba enfurecido. Le gritó:

—¡Idiota! ¿Qué demonios estabas haciendo?

El hombre estaba fuera de sí y no dejaba de soltar improperios, hasta que la niebla se empezó a levantar y se dio cuenta de que la otra barca estaba vacía: abandonada y llevada por la corriente. El barquero se quedó perplejo: ¿a quién le había estado gritando? ¿Era posible proyectar su ira a una barca vacía? Sin nadie a quien culpar, era imposible mantener la rumiación mental que alimentaba su ira.

Trayendo esta historia a nuestra propia experiencia, podemos preguntarnos: «¿Alguna vez nos enojamos con «barcas vacías?». Si es así, ¿de dónde viene esa ira? ¿A dónde se dirige?

Ser consciente del territorio interior de la ira puede ayudarnos a detectarla pronto y ahorrarnos, a nosotros y a los demás, el daño y el arrepentimiento que suelen venir después de las explosiones de ira. Para trabajar con la ira, debemos ver el espacio que hay entre el desencadenante y la reacción. Te invitamos a comenzar esta exploración a través del siguiente experimento.

EXPERIMENTO

Explorando los desencadenantes y reacciones de la ira

¿Qué cosas te hacen enfadar? Haz una lista de los principales desencadenantes.

_____

_____

_____

_____

¿Cómo sueles reaccionar cuando estás enojado? Anota tus principales reacciones de ira.

_____

_____

_____

_____

¿Notas patrones o temas que se repitan en tus respuestas anteriores?

_____

_____

_____

_____

_____

LA PUERTA NÚMERO CUATRO

La ira es complicada porque supone un coste tanto a la hora de expresarla como de reprimirla. Reprimirla en realidad no soluciona nada. Solo pospone la necesidad de ocuparse de ella, mientras se va cociendo a fuego lento y en silencio debajo de la superficie, causando estragos en el cuerpo. Pero si la manifestamos, casi invariablemente hiere a otros o provoca represalias. Otra costumbre habitual es «alimentar» inconscientemente estados mentales de enojo a través de nuestras historias de culpabilización y victimización, con lo cual el hábito del enojo cobra aún mayor fuerza.

En la actualidad pocos son los terapeutas que aconsejan a sus pacientes que expresen libremente su enfado con otros reales o simbólicos (dar puñetazos a una almohada, gritar en una habitación vacía, etc.) en parte porque la neurociencia ha demostrado que, cada vez que expresamos la ira, la entrenamos y reforzamos en nuestro cerebro. La idea de que si sueltas la cólera te quedarás bien y tranquilo es simplemente falsa: la satisfacción que esa descarga pueda producir no será más que un alivio pasajero, y la ira aparecerá de nuevo. Chögyam Trungpa, un maestro tibetano de meditación, decía sobre este ciclo: «No puedes eliminar de verdad el dolor mediante la agresión. Cuanto más asesines, más fortaleces al asesino, que creará nuevas razones para asesinar. La agresión crece hasta que ya no queda espacio; todo el espacio se ha solidificado» (Trungpa, 1999, pág. 73).

La mayoría de las personas saben que cuando expresamos la agresión obtenemos una cierta satisfacción o alivio. La expresión de la ira puede tener una cualidad seductora y provocar un subidón de adrenalina; por esto se puede convertir en un hábito, incluso en una adicción. La ira es como un combustible. Cuando nos enfadamos, nos sentimos más fuertes y más grandes —piensa en el gato furioso, con la columna arqueada y el pelo erizado, simulando así que es más grande de lo que realmente es para asustar a quien de verdad le asusta—. Sin embargo, la ira no es un combustible muy eficiente: se quema a altas temperaturas, es caro (nos puede costar la salud y nuestras relaciones), bastante y acaba por corroer el sistema. Además, como vimos en la historia del barquero, el primero en recibir la ira es la persona enojada: tú eres el principal destinatario de tu ira. Hay un proverbio chino que lo resume así: «Cuando emprendas un viaje de venganza, cava dos tumbas».

Afortunadamente, existen otras opciones además de las «tres puertas» de la represión, la expresión y la alimentación inconsciente. Cuando se perciben ofensas u obstáculos, es normal que surja la reacción de la ira. Simplemente es la expresión de nuestra naturaleza y nuestra evolución como especie. Aunque podamos conseguir enfadarnos con menor frecuencia, la ira siempre formará parte de nuestra vida emocional; por lo tanto, es fundamental aprender a establecer una relación sabia con esta energía. Cuando recuerdes que no eres solo una víctima de tu ira, y que puedes utilizarla como un camino de autodescubrimiento para cultivar la conciencia plena, serás capaz de comenzar a practicar estar presente con la ira, conectar con ella y dejar que su energía surja y se desvanezca sin actuar sobre ella ni reprimirla. Esta es la «puerta número cuatro». No subestimes el poder de este sencillo método. Como la mayor parte de la meditación, es simple, pero no fácil.

La capacidad de trabajar con la ira con atención plena no es una proposición binaria, algo que tienes o no tienes. Es una práctica que se adquiere paulatinamente y que fortalece el músculo de *mindfulness* frente a experiencias agradables *y* desagradables. En vez de identificarnos con la ira, rechazarla o no ser conscientes de ella, podemos aprender a acercarnos a ella con una actitud abierta y curiosa, confiando en que probablemente tenga algo que enseñarnos y en que esto puede ser una parte muy productiva de la práctica. Es posible que no sea una idea evidente, pero es muy importante entenderla bien: la ira no está fuera del espacio de la práctica de *mindfulness*. De hecho, nos ofrece una oportunidad excepcional de practicar, de abrirte cuando el hábito te dice que te cierres, de conectarte con la experiencia cuando el hábito dice que te desconectes y de preguntarte si la imagen que te has construido de ti mismo y de los demás es tan sólida como parece.

EJERCICIO

Mindfulness de la ira

Esta es una visualización guiada en la que recordarás alguna vez en que estuvieras enfadado, y esto nos servirá para explorar la «geografía interior» de la ira. Al invitarnos a notar los lugares del cuerpo donde se manifiestan las sensaciones, la calidad de estas sensaciones y cómo cambian, este ejercicio nos ayudará a familiarizarnos con esta forma de energía, a verla más de cerca y a reconocerla más fácilmente cuando aparezca. No practiques este ejercicio apresuradamente. Deja bastante espacio antes y después de la parte principal, para poder practicar mindfulness de la respiración. El objetivo del ejercicio no es acabar con la ira, sino poder experimentarla de manera segura, observando las sensaciones cambiantes del cuerpo.

Utiliza las siguientes instrucciones como una orientación, y modifícalas según lo necesites. Por favor, lee cada punto y dedica dos o tres minutos a seguir las instrucciones antes de pasar al siguiente. Recuerda que tienes pleno control sobre este ejercicio. Puedes adaptar las instrucciones y regular su intensidad tanto como quieras.

- Siéntate en posición de meditación, cómodo y atento, con las manos relajadas y los ojos cerrados. Siente tu cuerpo, siente las partes que están en contacto con la silla o el suelo.
- Haz varias respiraciones profundas, llenando completamente el torso y soltando después todo el aire.
- Recuerda alguna vez en que hayas sentido ira. Puede ser este mismo año o el año pasado, pero ha de ser relativamente reciente. No es necesario que escojas el episodio de ira más intenso; de hecho, es sabio comenzar con algo más pequeño, pero ha de ser real. Visualiza y siente lo que sucedió, dejando que aparezca de nuevo la ira, en este instante. Permite que el sentimiento se intensifique cuanto sea posible dentro de tu zona de seguridad.
- A menudo ocurre que, al recordar un episodio de ira, aparecen otras emociones, como la tristeza o el miedo. Por ahora, intenta quedarte con la ira.

- ¿En qué parte del cuerpo experimentas la ira? Explora las sensaciones. Puede que te sientas tentado a rechazarlas. No lo hagas; en cambio, investiga cómo sientes la ira en el cuerpo, observando las sensaciones, burdas o sutiles, en todo el cuerpo. Al notar la sensación, ¿aumenta o disminuye?, ¿cambia o se mueve?, ¿es cálida o fría?

- Practica traer compasión a la ira. La ira es una emoción normal, y forma parte del ser humano; todos nos enojamos de vez en cuando. Comprueba si puedes sostener tu propia ira como una madre sostiene a su hijo recién nacido. ¿Qué ocurre cuando la sostienes de este modo, con atención y ternura?

- Y ahora, poco a poco despídete de este sentimiento. Devuelve paulatinamente la atención a la respiración y quédate ahí durante un rato, dejando que las emociones se asienten en la espaciosidad de tu respiración y tu conciencia.

Cuando termines, reflexiona sobre las siguientes preguntas: ¿qué sensaciones notaste en el cuerpo?, ¿cambiaban al observarlas?, ¿pudiste traer algo de compasión hacia tu propia ira?, ¿qué ocurrió con la ira al hacer esto?

Notas

_____

_____

_____

_____

_____

_____

_____

PERFILES DE LA IRA

Un aspecto importante de trabajar con la ira con conciencia plena involucra familiarizarse con la forma en que la propia ira se manifiesta. Aunque es una emoción básica y universal, todos tenemos diferentes «perfiles de la ira» (Ekman, 2003), que se basan en tres factores:

- El inicio: ¿cuánto tardas en enojarte?
- La intensidad: ¿qué tan intensa llega a ser tu ira?
- El enfriamiento: ¿cuánto tarda en bajar su intensidad?

Fíjate en los gráficos de la página siguiente: algunas personas se pueden enfurecer en un abrir y cerrar de ojos, mientras que para otras la ira es una emoción que se va fraguando durante muchas horas. Mientras algunos tienden a experimentar formas de ira relativamente suaves —como irritaciones o disgustos—, otros se enfurecen ante la más mínima provocación. A unos les es fácil enfriarse y pasar a otra cosa, y otros no dejan de rumiar y siguen enojados durante varios días. Basándonos en estos factores, podemos reflexionar sobre nuestro propio perfil de la ira y observar si este perfil cambia en el tiempo cuando trabajamos conscientemente con nuestra ira. También podemos reflexionar sobre el perfil de ira de nuestras personas cercanas, con lo cual podremos ser más hábiles cuando se trata de lidiar con sus enfados.

Cuando experimentamos la ira, puede ser difícil o incluso imposible pensar con claridad, especialmente cuando la ira es muy intensa. Este es el «período refractario» (Ekman, 2003). En esta fase, reaccionamos de forma rápida e inconsciente y podemos comportarnos de maneras que nos son poco habituales. Nos sentimos como si la ira nos «cegara» o nos hiciera «perder la cabeza». El período refractario se prolonga desde que se enciende la llama hasta que el fuego comienza a enfriarse, y se aplica a todas las emociones, no solo la ira. Durante este período, es como si lleváramos unas lentes tintadas que nos hicieran verlo todo del color de la emoción de turno. Teniendo esto en cuenta, podemos aprender a concedernos, y conceder a los demás, el espacio y el tiempo necesarios para el enfriamiento de la emoción, antes de

Período refractario

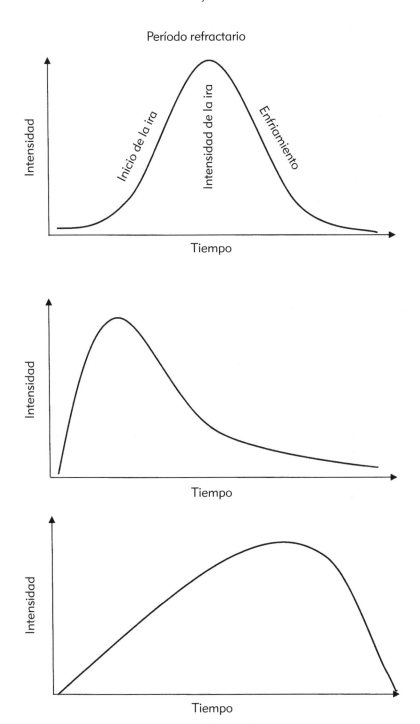

intentar resolver el problema. Cuando somos presa de la ira, es difícil mantener una perspectiva amplia de las cosas y recibir retroalimentación de otros. A veces las personas se enfadan porque sienten que no pueden controlar su vida, y decirles lo que tienen que hacer solo consigue alimentar la tensión.

Cuando estamos enfadados, y especialmente durante este intenso período refractario, solo vemos y creemos aquello que nos reafirma en nuestra ira. Por ejemplo, si estamos enfurecidos con la compañía de teléfono porque se ha cometido un error en la factura, es posible que recordemos todas las otras veces en que tuvimos problemas con compañías telefónicas, en vez de pensar en todas aquellas veces en que no hubo ningún problema con la factura. Estas distorsiones cognitivas contribuyen a perpetuar la ira y dificultan aún más que la mente contemple otras perspectivas.

EXPERIMENTO
Traza el perfil de tu ira

Reflexiona sobre la última vez que te enojaste y dibuja un gráfico con tu reacción (inicio, intensidad, duración, enfriamiento). Si sientes que tus respuestas de ira son muy variables, dibuja una línea «promedio». Trata de hacerlo de la manera más objetiva posible, como un meteorólogo que describe los patrones del clima.

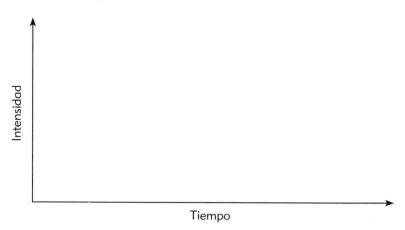

Observa el gráfico:

* ¿Qué ves?
* Teniendo en cuenta lo que has dibujado en él, ¿qué te podría ayudar a manejar tu ira de forma que disminuya tu propio sufrimiento y el de los demás? Por ejemplo, si la aparición es repentina, podría irte bien que te acostumbraras a preguntarte: «¿Estoy seguro?», y procuraras informarte mejor sobre aquello que te enoja. Tal vez sea útil compartir esta información con tus personas más cercanas, para que te ayuden a responder de manera más hábil y para que no tomen tus reacciones de manera tan personal.

Notas

_____

_____

_____

_____

_____

_____

_____

Prácticas de la semana 5

PRÁCTICA DE MEDITACIÓN

Mindfulness de la respiración, los pensamientos y las emociones

(Encontrarás la grabación en
http://cultivarlamente.com/libro-mindfulness-y-emociones/)

Para esta meditación guiada partiremos de la conciencia plena de la respiración, luego ampliaremos el campo de la conciencia para que incluya los pensamientos y las sensaciones y, a continuación, añadiremos las instrucciones para prestar atención plena a las emociones.

Acomoda el cuerpo en una postura que propicie la calma, la alerta y la relajación. La mayoría de las personas lo consiguen sentándose en una silla, en una postura que evoque una cierta dignidad pero sin tensión. Tómate un momento para sentir la columna erguida, al tiempo que relajas los músculos de la cara, el cuello y los hombros.

Empieza con tres respiraciones diafragmáticas profundas, prolongando más la exhalación que la inhalación.

Después de la tercera exhalación deja que la respiración encuentre su ritmo natural.

Comienza a concentrar suavemente la atención en las sensaciones que la respiración te produce en el vientre.

Al poner la atención en la respiración, comprueba si puedes traer una actitud de amabilidad, paciencia y humor hacia la mente que divaga, sobre todo al principio de la práctica de meditación. Intenta saborear la experiencia de la respiración como lo harías con un plato exquisito: cada bocado, cada respiración, únicos y deliciosos.

Manteniendo la respiración como el ancla o la base de la atención, amplía el campo de conciencia para incluir los pensamientos como objetos de la meditación.

Siempre que seas consciente de que estás pensando, utiliza la etiqueta «pensamiento», u otras etiquetas más específicas como «planes» o «juicios», y procura mantener la conciencia del pensamiento sin intentar deshacerte de él ni perderte en su contenido. Sea un pensamiento vago e impreciso o una elaborada historia, simplemente nota «pensamiento».

Si este se esfuma o desaparece, devuelve la atención a la respiración.

Cuando una sensación o un sonido adquieren fuerza suficiente como para distraerte de la respiración, deja que se conviertan en el objeto central de tu atención y explora la experiencia con curiosidad sana y constante, sin intentar cambiarla ni librarte de ella.

Es posible que también notes el tono de las sensaciones –agradable, desagradable o neutro– pues suelen ser más evidentes con los sonidos y las sensaciones corporales.

Deja que la respiración siga siendo tu ancla o tu base, trayendo de vuelta tu atención a las sensaciones de la inhalación y la exhalación cuando los pensamientos y las sensaciones no tengan la intensidad suficiente como para atraer tu atención y utiliza una etiqueta mental para reconocer los pensamientos, los sonidos, las sensaciones y la respiración.

A continuación, amplía aún más el campo de tu conciencia para incluir las emociones. Tal vez sea difícil prestarle atención porque pueden ser muy sutiles o muy intensas.

Emociones como la ira o la ansiedad pueden ser fuertes e incómodas, haciendo que sea difícil sentarse tranquilamente para estar presente con ellas. Hay varias formas de simplificar esta tarea. Por ejemplo, en vez de seguir el hilo de la historia en tu mente, observa las sensaciones físicas que acompañan a la emoción. Averigua si puedes observar la geografía interior de la ira o el miedo.

También puede ser útil encontrar etiquetas precisas. Hay muchos sabores de la ira, por ejemplo la irritación, el disgusto, la cólera, el rencor o el agravio. Encontrar una etiqueta adecuada te puede dar una sensación de precisión y comprensión de tus emociones.

A veces las emociones nos intimidan y tememos que puedan desbordarnos o abrumarnos. Aunque tal amenaza pueda sentirse como algo real, usualmente es irracional. Puedes experimentar diciéndote a ti mismo algo como: «Vale, me voy a dejar morir de aburrimiento, inquietud, o frustración», y observa qué sucede.

Tanto con las emociones sutiles como con las intensas, también puede ser útil permitirte «espiar por el ojo de la cerradura» durante algunos momentos para ver qué sientes. No es necesario que permanezcas así mucho tiempo o que te pongas a escarbar en tus emociones. Puede bastar con echar un vistazo rápido, tal vez notando las sensaciones en el centro del pecho un instante, y darte permiso para volver a la respiración cuando lo necesites.

Para lo que resta de la meditación, deja que la atención se mueva libremente hacia cualquier experiencia que tenga la fuerza suficiente como para apartarla de la respiración, ya sea un pensamiento, un sonido, una sensación, una imagen o una emoción. Comprueba si puedes mantenerte conectado a esta experiencia con una conciencia afectuosa, observando con curiosidad e interés qué ocurre con la experiencia cuando la observas de esta manera.

En el momento en que la experiencia haya dejado de ser predominante, vuelve de nuevo la atención a la respiración.

También puedes notar y etiquetar estados mentales más sutiles que estén en el trasfondo de tu experiencia, como los de calma, aburrimiento, duda, etc., sin necesidad de cambiarlos en modo alguno.

En los minutos finales de esta meditación, dedica un momento a reflexionar sobre lo que más te importe en la vida. Sin racionalizarlo, editarlo ni caer en la rumiación, observa qué valores o cualidades surgen en la superficie de tu mente. Puede ser la bondad, la generosidad, la autenticidad, etc. Y ahora genera la intención, como quien traza el rumbo de un barco, de incluir más momentos de esta cualidad en tu vida en lo que quede del día.

Registro de prácticas

Cada día que practiques la conciencia de la respiración, los pensamientos y las emociones, completa el siguiente registro. Hacer un seguimiento de los descubrimientos que surjan con las prácticas te ayudará a incorporar lo que vayas aprendiendo a partir de tu experiencia. Encontrarás copias adicionales de este registro en http://cultivarlamente.com/libro-mindfulness-y-emociones/.

Día y hora	¿Qué ha sido lo más destacado de esta práctica?

Día y hora	¿Qué ha sido lo más destacado de esta práctica?

LA MEDITACIÓN EN MOVIMIENTO: CAMINAR CON LA IRA

A veces puede resultar difícil sentarse a meditar con ira, por lo cual puede ser útil la práctica de caminar conscientemente con ella. Busca un lugar donde haya espacio suficiente para ir y venir andando, quizás unos veinte pasos. Puedes hacerlo al aire libre.

Comienza a caminar con atención plena, sintiendo el contacto de los pies con el suelo y la entrada y salida del aire al respirar mientras vas caminando. Manteniendo un paso constante, trae a tu mente alguna situación difícil que te provoque enfado y descubre si puedes acercarte a la experiencia y sentir ese enfado, manteniendo el ritmo de los pasos y de la respiración. Para muchos, evocar la intención de sostener el enfado con ternura, como una madre hace con su hijo que llora, les permite acercarse al enfado y sentir la incomodidad que este les provoca. Cada vez que necesites darte una pausa, simplemente camina centrando toda tu atención en la respiración, y después retoma el ejercicio. Sé amable contigo mismo y acuérdate siempre de trabajar de forma progresiva, comenzando con las emociones menos intensas.

También puedes llevarte una mano al corazón. La intención es ser capaz de sentir la ira, no limitarte a contemplarla desde lejos. Observa si la ira, al sostenerla con conciencia, da paso a algún otro sentimiento, y tal vez a otro, y encuéntrate con estos sentimientos con toda la sensibilidad y amabilidad de que dispongas. Deja que los sentimientos aparezcan y se vayan, y observa la tendencia de la mente a tratar de consolidarlos con historias y justificaciones. A muchas personas les sirve utilizar etiquetas silenciosas para nombrar cualquier sentimiento que surja. Si al caminar hay otras cosas que llaman tu atención, simplemente obsérvalas, y trae tu atención de vuelta a tus emociones.

Por último, reserva algunos minutos solo para andar y respirar con atención plena, sintiendo cómo el cuerpo se renueva por completo con cada inhalación y soltando toda la tensión acumulada en este ejercicio en cada exhalación.

OBSERVACIÓN DE CAMPO
Diario de la ira

Durante esta semana, percibe qué desencadena el enfado en tu día a día. Cuando surja, nota cómo lo sientes en tu cuerpo y qué sucede cuando aplicas las respiraciones profundas o la atención plena al enfado. Escribe tus observaciones en la tabla:

Día y hora	Desenca- denante	Sensaciones corporales	Qué ocurre cuando aplicas la respiración consciente o la atención plena al enfado

Día y hora	Desenca- denante	Sensaciones corporales	Qué ocurre cuando aplicas la respiración consciente o la atención plena al enfado

Cuando hayas registrado al menos algunas situaciones en que te hayas enfadado, observa si hay patrones en tus desencadenantes emocionales. Puede ser una información útil y reveladora, porque muchas veces la ira parece ser culpa de otra persona. La observación de los patrones propios nos puede disponer a regular mejor las emociones y a responsabilizarnos más de nuestra reactividad. Algunos de los desencadenantes habituales de la ira son la falta de respeto, el hecho de ser avergonzado por otro, la falta de cortesía, la arrogancia y el egoísmo. Cualesquiera que sean los tuyos, trata de llevar una actitud amable a la fuente de esos desencadenantes y al propio sufrimiento de la ira.

Aunque la ira es una emoción difícil de tratar, hay algo hermoso y aleccionador en el reconocimiento de que es simplemente una parte de nuestra naturaleza humana. De una u otra forma, todos los seres humanos en todas partes tenemos que gestionar nuestras emociones difíciles e intentar aprender a relacionarnos con ellas de forma que haga posible la paz y la felicidad.

Queremos terminar este capítulo con una historia cheroqui. Un muchacho le cuenta a su abuelo el enfado que le provocó un amigo que había sido injusto con él. El abuelo le contesta:

—También yo a veces he sentido un gran odio por quienes abusan y no se arrepienten de lo que hacen. Pero el odio te corroe, y no hace daño alguno a tu enemigo. Es como tomar veneno y desear que tu amigo muera. He batallado muchas veces con estos sentimientos. Es una batalla, hijo mío, entre dos lobos que todos llevamos dentro. Uno de los lobos nos trae felicidad. Es la alegría, la paz, la serenidad, la humildad, la bondad, la benevolencia, la empatía, la generosidad, la autenticidad, la compasión, la fe. Pero el otro lobo... ¡ay! Se enfurece por cualquier nimiedad. Se enfrenta a todo el mundo, continuamente y sin motivo. Es tan grande su ira, y tan intenso el odio que siente, que es incapaz de pensar. A veces es difícil vivir con estos dos lobos dentro, porque ambos intentan dominar mi espíritu.

El muchacho mira a su abuelo, fijamente a los ojos, y pregunta:

—¿Cuál es el que gana, abuelo?

El abuelo sonríe y dice en voz baja:

—*Aquel al que alimento*.

Sé amable contigo mismo mientras sigues profundizando en tus prácticas. Entrenarnos en *mindfulness* significa recordar que cada momento es una oportunidad para practicar la paz, sin importar las circunstancias. Los lobos que todos llevamos dentro se alimentan de lo que pensamos, decimos y hacemos. No hay que sentirse culpable de alimentar al lobo airado (todos lo hacemos, y la culpa no resuelve nada). En su lugar, aprende de la experiencia y sigue practicando. Confía en que son los pasos pequeños, y a veces invisibles, los que te hacen avanzar.

Capítulo 9

Cultivar el amor y la amabilidad

Conectando con la fuente interior

E l amor es una cualidad fundamental del corazón que implica conexión, aprecio y el deseo de felicidad para uno mismo y para los demás. No solo conlleva alegrarse de la felicidad de los seres, incluida la propia, sino también contribuir a crear las condiciones para que surja esa felicidad. Cuando el amor está presente en la conversación que sostenemos con nosotros mismos y con quienes nos rodean, el equilibrio emocional se hace más accesible y sostenible.

En el capítulo anterior nos centramos en aprender formas de relacionarnos con la ira con atención plena. Sin necesidad de eliminar ni negar la ira, es posible alimentar sentimientos sanadores como el amor, la compasión, la alegría y la felicidad. Debido a que no es posible experimentar la amabilidad y la ira en el mismo instante, se puede considerar que la primera es un antídoto para la segunda, y que cuanto más cultivamos la amabilidad, más disponible se nos hace. Sin embargo, esta estrategia no funciona si usamos amabilidad para reprimir la ira. Cuando se nos cuela esta actitud instrumental, la ira simplemente se esconde bajo tierra, y es probable que asome más tarde en forma de rencor o de síntomas. El cultivo de la amabilidad del que estamos hablando se puede entender mejor como *recordar* algo que ya sabemos. La mayoría de las tradiciones contemplativas y de los psicólogos convienen en que la amabilidad forma parte de la naturaleza humana, y muchos consideran que compartimos este instinto básico de cuidado y conexión con todos los mamíferos.

Practicar la amabilidad y la compasión involucra conectarnos con el océano de amor que ya está disponible dentro del corazón, más que tener que añadir algo extra. Se trata más de liberar que de fabricar. Cuando conectamos con el amor, es posible tener más influencia sobre nuestra propia felicidad, mejorar nuestras relaciones y encontrar la libertad para responder en vez de reaccionar. El descubrimiento y cultivo de estas cualidades básicas del corazón también facilita la meditación y aumenta nuestra capacidad de empatizar con los demás. Todos estos beneficios contribuyen al equilibrio emocional.

DESPERTAR LA AMABILIDAD

La mente y el cuerpo humanos están diseñados para desarrollarse plenamente con la amabilidad. El amor, el cariño y la amabilidad activan el sistema de calma y afiliación del cerebro, lo cual hace que nos sintamos seguros, contentos y alegres. Es un sistema que comienza a imprimarse a una edad temprana, cuando aún estamos en el útero materno, y se activa durante toda la vida siempre que estamos con personas con las que nos sentimos emocionalmente conectados, en sintonía y seguros. Cuando recibimos y damos muestras de amabilidad a nosotros mismos y a otras personas, la glándula pituitaria libera oxitocina, la neurohormona del apego y la conexión, la cual propicia sentimientos de confianza, afiliación y conexión y reduce la sensibilidad ante las amenazas en el circuito cerebral del miedo y el estrés. Es por esto por lo que la amabilidad es fundamental no solo para mantener una buena salud psicológica, sino también para recuperarnos de experiencias difíciles.

El poder sanador de la amabilidad se refleja en el hecho de que uno de los predictores más seguros del éxito en psicoterapia es la capacidad del terapeuta de relacionarse con sus pacientes desde la actitud que Carl Rogers (1957) llamó «consideración positiva incondicional», una cualidad relacional que se caracteriza por una profunda empatía con el otro y su aceptación incondicional. Como tal vez ya hayas observado en tu propia práctica de meditación, también nos podemos ofrecer este tipo de presencia a nosotros mismos; y hacerlo activa el mismo sistema de calma y afiliación en nuestro cuerpo.

Cuando nos sentamos a meditar cultivamos la práctica de hacernos íntimos con nosotros mismos, ofreciendo una consideración positiva incondicional a todo lo que surja. Las meditaciones de amor-amabilidad y de compasión que exploraremos pronto, las cuales tradicionalmente se enseñan una vez que la mente ha alcanzado cierto grado de estabilidad mediante *mindfulness*, son estrategias potentes para fortalecer estas capacidades naturales de la mente y el corazón.

En general, la amabilidad surge al notar las cualidades positivas en nosotros mismos y en los demás. Pero, como pronto veremos, esta capacidad de notar lo que es apreciable en nosotros y en los demás, y de ver todo el potencial que hay en todos nosotros, no es algo fijo. Al contrario, se trata de una habilidad que puede entrenarse. En este capítulo, expondremos diferentes formas de conectar con ese amor y amabilidad y también modos de expandir esta capacidad natural. De momento, empecemos con un experimento que nos ayudará a adentrarnos en la experiencia directa.

EXPERIMENTO

Reconocer la amabilidad natural

Siéntate en una postura cómoda. Respira profundamente tres veces, relajando con suavidad el cuerpo y conectando con la espaciosidad natural de la mente.

Piensa en alguien que naturalmente traiga una sonrisa a tu rostro. Puede ser una persona —algún niño querido, un buen amigo, tu pareja o algún mentor— pero incluso puede ser tu mascota. Te servirá cualquier ser que te despierte un sentido de aprecio, alegría, cariño o gratitud. Evoca la presencia de este ser con el mayor detalle que puedas, o recuerda alguna situación concreta en que te sintieras realmente conectado con él.

Si trabajas con un recuerdo concreto, trae a tu mente lo que estaba sucediendo y cómo te sentías. Dedica un par de minutos a sentir todo lo que aflore de esa experiencia.

Sosteniendo esta imagen en tu mente, observa cómo responde tu cuerpo. ¿Cómo se siente? Reconoce las sensaciones físicas asociadas con la amabilidad y la amistad. Obsérvalo un par de minutos y comprueba si puedes intensificar ese sentimiento en todo el cuerpo.

Por último, trae de vuelta tu atención a la respiración durante uno o dos minutos, dejando ir las imágenes y los recuerdos.

Tómate un momento para reflexionar sobre las siguientes preguntas:

- ¿Qué te llamó la atención de esta experiencia?
- ¿Experimentaste algún cambio en las sensaciones corporales?
- Describe cualquier cambio que hayas notado en cualquier parte del cuerpo.
- ¿Hubo alguna sensación que te agradara?
- ¿Hubo alguna sensación que te desagradara?

_____

_____

_____

_____

_____

_____

_____

Como seguramente habrás observado en los ejercicios del libro (incluido este), las sensaciones no son simples reacciones automáticas, sino que son algo que se puede evocar de diferentes maneras, por ejemplo a través de imágenes, recuerdos, intenciones y el diálogo interior. Un estado interno caracterizado por la buena voluntad y la amabilidad genera en el cuerpo unos cambios palpables que pueden afectar tanto a la sensación inmediata de bienestar como a la salud a largo plazo. Cuando estados como la ira, el resentimiento o el miedo se hacen crónicos, también pueden afectar negativamente a la salud aumentando, por ejemplo, el riesgo de enfermedad al debilitar los sistemas cardiovascular e inmune.

Cualquiera que sea la emoción con la que estemos trabajando, la mente tiende a enfocarse en el objeto externo, la situación o la persona como la causa aparente de esa emoción. Pero la verdad es que la causa principal de cómo nos sentimos sobre *cualquier cosa* radica en nuestros hábitos mentales y emocionales. Más aún, el receptor inmediato de la emoción es quien la siente. Si la verdadera causa de las emociones fueran otras personas, todos sentiríamos lo mismo ante un determinado individuo, pero sabemos que esto no es así: nuestro mejor amigo puede ser el peor enemigo de otra persona, y alguien a quien consideramos desagradable y ofensivo puede ser el mejor amigo de otro. En última instancia, somos los responsables y los receptores de las emociones y las actitudes que desarrollamos. Por esto, parafraseando al Dalái Lama, cuando practicamos la amabilidad hacia los demás somos *sabiamente egoístas*: nosotros mismos somos los principales destinatarios de toda amabilidad que ofrezcamos a los demás.

LOS ENEMIGOS CERCANOS Y LEJANOS DE LA AMABILIDAD

La amabilidad tiene un *enemigo lejano* fácilmente reconocible (el odio), pero también tiene un *enemigo cercano*, un impostor que se puede disfrazar de amabilidad, pero que no lo es. Se trata del *apego autocentrado*. Hay determinados tipos de apego que son realmente beneficiosos (como el vínculo entre padres e hijos), aunque existe otro tipo de apego que a menudo se confunde con la amabilidad. A veces se lo llama amor condicional o amor centrado en uno mismo, y se produce cuando somos amables con los demás, pero, al mismo tiempo, queremos algo a cambio, o cuando esperamos de alguien una determinada actuación a cambio del amor que le ofrecemos. Este tipo de interacción lleva en su centro un «si» condicional: «Te querré si...», «Te aceptaré si...».

Otra forma de distinguir entre amor y apego tiene que ver con cuánto nos enfocamos en nosotros mismos más que en la otra persona. A veces, aunque las palabras o los actos parecen destinados al bienestar del otro, en realidad el foco está puesto en uno mismo: en las necesidades y los deseos de la persona que expresa el amor («Te quiero; por lo tanto, necesito que hagas...»). No es nada raro participar en este tipo de interacción con *nosotros mismos* igual que hacemos con los demás, de modo que condicionamos nuestra propia autoaceptación a cumplir con ciertas expectativas de quiénes *deberíamos* ser, cómo *deberíamos* actuar o qué aspecto *deberíamos* tener.

Con conciencia, podemos empezar a desenmarañar toda esta complejidad, analizar nuestras motivaciones y escoger la más sana de todas ellas como guía de nuestros actos. De esta forma, podemos soltar cualquier apego al resultado. Si el sufrimiento es la brecha entre nuestras expectativas y la realidad, ser conscientes de esas expectativas para luego soltarlas es un ejercicio importante para aliviar el sufrimiento propio y el de los demás.

A diferencia del apego autocentrado, la verdadera amabilidad implica la aceptación incondicional de los demás tal como son, sin ninguna imposición de nuestras propias ideas sobre cómo o quiénes deberían ser. Evidentemente, es más fácil decirlo que hacerlo, sobre todo cuando se trata de nuestra pareja y nuestros hijos, por esto queremos enfatizar la idea de *práctica*, *entrenamiento* o *cultivo*, en vez de abordar el asunto en términos de deberes morales («Debes ser bueno y amable»). Tal vez la mejor manera de destruir cualquier inclinación a ser auténticamente amables consiste en exigírselo a uno mismo o a los demás.

EJERCICIO
Diario de la gratitud

Una estrategia importante para el cultivo de la amabilidad en nuestra vida implica conectar con un sentido de gratitud y apreciación. Notar lo que funciona, lo bueno que hay en nosotros mismos y en los demás y todo lo bello que haya a nuestro alrededor y en las personas de nuestro entorno nos ayuda a «absorber lo bueno» y saborear los regalos que ya están presentes. La idea del diario de la gratitud es adoptar una actitud mental de abundancia y apreciación y disminuir la tendencia de la mente a centrarse en lo que falta. En psicología, la gratitud no solo está asociada al aumento de la felicidad, la satisfacción vital, el bienestar y la disminución del estrés y de los síntomas ansiosos y depresivos (Emmons y McCullough, 2003; Hanson y Mendius, 2009; Hanson, 2013), sino también con el bienestar relacional, la empatía y la conducta altruista (Bartlett y DeSteno, 2006).

Esta es la invitación: cada noche durante los próximos siete días escribe cinco cosas, personas o eventos por los cuales te sientas agradecido. Puede ser algo que salió bien en tu día, algo bello que hayas apreciado o alguna cualidad positiva que hayas visto en ti mismo o en los demás. Nada es demasiado trivial para que puedas apreciarlo. Mantén este libro o un folio y un lápiz cerca de tu cama para acordarte de escribir antes de irte a dormir. Si se te olvida escribir una noche, puedes hacerlo a primera hora de la mañana siguiente.

Al hacer este ejercicio durante una semana, nota cómo la intención de prestar una atención apreciativa a tus experiencias cotidianas impacta en tu mente, tu ánimo y tus percepciones.

Día 1   1.

2.

3.

4.

5.

Día 2	1.
	2.
	3.
	4.
	5.

Día 3	1.
	2.
	3.
	4.
	5.

Día 4	1.
	2.
	3.
	4.
	5.

Día 5	1.
	2.
	3.
	4.
	5.

Día 6	1.
	2.
	3.
	4.
	5.

Día 7	1.
	2.
	3.
	4.
	5.

Cuando hayas terminado el ejercicio (al cabo de siete días), lee toda la lista de cosas por las que te has sentido agradecido y dedica unos minutos a saborearlas y asimilarlas. ¿Qué notas? ¿Qué has descubierto con este ejercicio?

_____

_____

_____

_____

_____

_____

Por último, si te sientes motivado, amplía esta práctica a períodos más largos (quizás veintiún días o un mes), utilizando la versión descargable del diario de la gratitud que encontrarás en http://cultivarlamente. com/libro-mindfulness-y-emociones/. Incluso puedes convertirlo en un hábito para toda la vida.

CAMBIAR LA MENTALIDAD: DE LA ESCASEZ A LA ABUNDANCIA

Metta es la palabra pali que en inglés se suele traducir por «bondad», «amabilidad», «amor incondicional», «amistad» o «cordialidad». En las escrituras budistas más antiguas sobre la regulación emocional, se dice que un brahmán –un devoto de Brahma, un dios hindú– se acercó a Buda y le preguntó cómo podía fundir su mente con la de Brahma. En un gran gesto de empatía, Buda no respondió con algo así como: «Lo siento, aquí no creemos en dioses; esta es una tradición no teísta». Al contrario, abordó la pregunta en el lenguaje del brahmán, practicando con él la «consideración positiva incondicional» de Rogers, aunque dos mil quinientos años antes.

Buda le dijo que para fundir su mente con la de Brahma y para encontrarse realmente con él, tenía que practicar los *brahmaviharas* o «moradas de Brahma», que son las siguientes: *metta* (amor incondicional), *karuna* (empatía y compasión), *mudita* (alegría altruista) y *upekkha* (ecuanimidad). Buda aconsejó al brahmán que cultivara estas cuatro cualidades en la mente y el corazón, porque una mente dotada de estas cualidades no podía estar muy alejada de Brahma.

A estas cuatro cualidades de la mente también se las llama los *cuatro estados inconmensurables de la mente*, una expresión que transmite la idea de que su cultivo no es un juego de suma cero en que la abundancia para unos significa escasez para otros. Muchas personas creen erróneamente que el amor y la compasión son recursos finitos que con el tiempo se pueden agotar, como si se tratara de comida en la despensa. En este caso, suele surgir una sensación de tener que competir por recursos limitados y la idea de negociación: «Te doy esto si me das aquello». Si los recursos son limitados, es natural que aparezcan ansiedades y expectativas. Estas ansiedades desaparecen cuando los recursos del amor y la compasión se consideran ilimitados. Las tradiciones contemplativas afirman que cuanto más cultivamos estas cualidades en nosotros mismos, más abundantes y accesibles se vuelven, para nosotros *y* para los demás. Como muestran estudios recientes sobre las emociones positivas (Fredrickson, 2014, por ejemplo), estas cualidades son muy contagiosas, como probablemente ya lo habrás notado en tu propia experiencia.

Si miramos un poco más de cerca, la ecuanimidad puede entenderse como una amplia base que ofrece equilibrio y estabilidad, una base desde la cual podemos permanecer comprometidos, pero libres de la reactividad del apego. Esta ecuanimidad se incrementa a través del entrenamiento en la conciencia no enjuiciadora del momento presente, como has estado haciendo en las prácticas de *mindfulness*. Sin esta base estable, el amor se convertiría fácilmente en apego autocentrado; la compasión, en lástima, y la alegría, en manía o adicción: desarrollaríamos los enemigos cercanos, y no las cualidades verdaderas.

Las otras tres cualidades o «moradas» (el amor, la compasión y la alegría) también se pueden entender como variaciones de un mismo tema: diferentes envolturas para la misma calidez básica y atenta del corazón. El amor es la energía básica que se manifiesta como buena voluntad y como un deseo genuino de que los seres sean felices; la alegría altruista es la forma en que esta energía responde a la felicidad, el éxito y la belleza de los demás, y la compasión es la respuesta natural de esta energía básica cuando se encuentra con el sufrimiento.

Por último, la verdadera ecuanimidad también se sostiene sobre la energía de un corazón amable, porque cuando no existe esta cariñosa energía, la ecuanimidad se convierte en su propio enemigo cercano: la indiferencia. En resumen, la receta de Buda para el equilibrio emocional parece incluir una buena dosis de ecuanimidad, mantener a raya el apego y la aversión y poseer un corazón cálido, abierto, tierno y cuidadoso. Es simple, pero no fácil, y por esto precisamente necesitamos practicar.

Vamos a centrarnos ahora en la práctica de la meditación sobre el amor y la amabilidad. Antes de empezar recuerda que, como ocurre con el perdón, los auténticos sentimientos no se pueden forzar. Solo podemos invitarlos a través de la intención y la práctica constante y coherente. Aunque el objetivo de esta práctica es nutrir la amabilidad, el aprecio y la gratitud, también aparecerán otros sentimientos, lo cual es normal e importante.

Si emerge la tristeza, podemos aceptarla como parte natural del proceso de sanación del corazón. Si surge la ira, intenta sostenerla con ternura, sin forzar nada, volviendo al objeto de la meditación o algún otro objeto que te sea más cómodo o fácil, como un niño o tu mascota. Si notas que tu corazón se siente «seco», recuerda que incluso cuando solo reflexionas sobre la amabilidad algo ocurre en tu interior, como cuando hacemos la práctica de definir nuestra intención. No olvides que cualquier cosa a la cual prestamos atención se vuelve nuestra realidad. Cuando nos enfocamos en la amabilidad, aunque no esté presente el sentimiento, estamos regando la semilla de la amabilidad que llevamos dentro.

PRÁCTICAS DE LA SEMANA 6

PRÁCTICA DE MEDITACIÓN
Meditación del amor incondicional

(Encontrarás la grabación en
http://cultivarlamente.com/libro-mindfulness-y-emociones/)

Parte del lenguaje que empleamos en esta práctica y en la de la compasión del capítulo 11 procede de nuestra querida colega Kelly McGonigal. Busca un lugar tranquilo y silencioso y toma una postura que te permita estar cómodo y atento (es muy difícil conectar con el amor y la amabilidad cuando nos duele el cuerpo). Si se practica de forma regular, esta meditación guiada puede ser una fuente de alegría y generosidad. Una vez más, ofrecemos algunas instrucciones escritas además del archivo de audio, para quienes prefieran leer y luego practicar solos, o para quienes deseen familiarizarse con las instrucciones leyéndolas antes de escuchar la meditación guiada:

- Para empezar, centra la atención en la zona de alrededor del corazón, observando cómo se expande o se llena suavemente cuando inhalas y cómo se relaja cuando exhalas. Imagina durante unas cuantas respiraciones que puedes llevar el aire que inhalas directamente al centro del pecho, expandiendo los pulmones y el corazón. Imagina que puedes exhalar directamente desde el centro del pecho.

- Centra tu atención en las sensaciones de la respiración en el pecho, trayendo una observación amable a cualquier sentimiento que percibas. Dedica los minutos siguientes a prestar atención a las sensaciones que notas alrededor del corazón al respirar. Cuando observes que la mente se te ha ido hacia pensamientos, imágenes, sonidos o sensaciones de otras partes del cuerpo, dirígela suavemente de nuevo a las sensaciones del pecho, que se eleva al inhalar y desciende al exhalar.

- Ahora, imagínate a ti mismo como un niño, a una edad que puedas recordar de tu infancia. Como todos los niños, eras inocente y estabas ávido de amor, dispuesto a hacer cuanto pudieras, y no

184

siempre entendiendo lo que ocurría cuando no cumplías con las expectativas de los demás. Imagina que tienes delante de ti a ese niño. ¿Qué le desearías? ¿Desearías naturalmente que fuese feliz, que estuviese seguro, que le quisiesen y se sintiese contento? Deja que el corazón se impregne de cualquier sentimiento de ternura y aprecio por ese niño que eres tú y a continuación repite en silencio estas aspiraciones, dirigidas a ti mismo como niño: «Que seas feliz... Que seas amado... Que tengas paz y alegría».

- Ahora, trae a tu mente algo que aprecies de ti mismo. Puede ser algo que hiciste o alguna cualidad personal. Si te resulta difícil, imagina qué dirían de ti tus padres o un buen amigo. Dedica un momento a reconocer este aspecto de ti mismo. Ofrécete la calidez y la generosidad de tu propia amistad mientras repites en silencio estas frases, con plena libertad para cambiarlas si lo necesitas para conectar mejor con el sentimiento que las palabras encierran: «Que sea feliz... Que pueda dar y recibir todo el amor que necesito... Que pueda conocer la paz y la alegría».

- Descansa algunos momentos, inhalando y exhalando con suavidad.

- Ahora, trae a tu mente a un ser querido, por ejemplo un familiar o un amigo, alguien cuyo recuerdo te traiga una leve sonrisa al rostro. Intenta sentir su presencia delante de ti. Imagina que le miras con los ojos del corazón. Observa qué sientes cuando piensas en él. En las relaciones cercanas suele haber algún conflicto y asuntos complejos. Pero, por ahora, simplemente presta atención a cualquier sentimiento de gratitud, afecto o cariño que esa persona querida te despierte. Al verla con los ojos del corazón, ¿qué le deseas? Repite en silencio las frases siguientes, para que te lleven a la fuente de la buena voluntad de tu propio corazón:

  «Que seas feliz... Que puedas dar y recibir todo el amor que necesites... Que encuentres paz y alegría».

- Descansa un momento, inhalando y exhalando con suavidad.

- Ahora piensa en alguien conocido pero que no te sea cercano ni con quien tengas conflictos. Puede ser el cajero del supermercado o el camarero de la cafetería, o quizás alguien del trabajo a quien no conozcas muy bien. Observa qué sientes al pensar en esta persona. Considera el hecho de que, tal como tú, tiene altos y bajos en su vida y es objeto de gran cariño por parte de otra persona; puede ser el hijo de alguien, el padre o la madre, la pareja o un buen amigo. Al igual que tú, esta persona tiene objetivos y sueños. Desea amar y ser amada, contribuir y ser apreciada, como tú. Ahora piensa en esa persona extraña como ser humano completo, con una vida de múltiples facetas y matices, al igual que la tuya; obsérvala con los ojos del corazón y repite en silencio: «De corazón, te deseo que seas feliz... que puedas dar y recibir todo el amor que necesitas... que conozcas la paz y la alegría».

- Descansa; inhala y exhala con suavidad.
- Ahora piensa en alguien con quien tengas problemas o no te sientas cómodo. Tal vez una persona con la que no te llevas bien o con quien compites por algo. Quizás alguien que crees que te ha hecho daño. No es necesario que elijas a la persona más difícil de tu vida. De hecho, puede ser muy efectivo empezar con enfados de poca importancia y poco a poco llegar gente que realmente te irrite. Observa cómo te sientes al pensar en esta persona. Procura verla con los ojos del corazón. Considera la posibilidad de que todos los actos inhábiles se puedan interpretar como expresiones trágicas de necesidades insatisfechas. Esta persona, igual que tú, tiene metas y sueños. Tal como tú, es el ser querido de alguien; puede ser el hijo de alguien, el padre o la madre, la pareja o un buen amigo. Al igual que tú, desea amar y ser amada, contribuir y sea apreciada por ello.
- Recuerda que es posible desear el bien a otra persona sin tener que perdonar sus acciones ni reconciliarse con ella. Teniendo esto en mente, repite en silencio las frases siguientes, centrándote en el ser humano, y no en lo que esa persona pueda haberte hecho: «Te deseo que seas feliz... que des y recibas todo el amor que necesitas... que conozcas la paz y la alegría».
- Ahora reflexiona sobre esta idea: «Mi vida está apoyada por innumerables personas que me ayudan de muchas formas, grandes y pequeñas, entre ellas quienes tengo por amigos o extraños, e incluso aquellas con quienes tengo problemas. Todos, y de forma que nunca sabremos de verdad, recibimos la ayuda de muchísimas personas». Ahora piensa que también tú, y de un modo que quizás jamás comprenderás del todo, desempeñas una función similar de

apoyo en la vida de otras incontables personas. Deja que tu mente descanse un momento en esta conciencia de profundo aprecio e interconexión.

- Ahora amplía el alcance de tu conciencia a todos los que te rodean, imaginando que tu corazón es como un campo de energía que se expande en todas direcciones, cada vez más amplio, hasta incluir a todos los habitantes de tu región, tu país, tu continente y este planeta. Deja que un sentimiento de cariño y amabilidad se extienda a quienes sufren y a quienes son felices, a los ancianos y a los que tal vez se estén muriendo en este momento y a quienes acaban de nacer, con toda la vida por delante. A los ricos y a los que apenas pueden sobrevivir, apreciando esta misteriosa red de vida que nos enlaza a todos y las aspiraciones fundamentales que todos compartimos. Y en silencio extiende las frases siguientes como un ofrecimiento a todos los seres: «Que todos los seres en todas partes puedan sean felices... que den y reciban todo el amor que necesitan... que conozcan la paz y la alegría».

- Descansa un momento en este estado de apertura, amabilidad y consideración con los demás. Nota cualquier sensación de paz y felicidad que este ejercicio te haya podido producir en el cuerpo y en la mente.

- Para terminar esta meditación dedica tu esfuerzo positivo a la paz y el bienestar de todos los seres del mundo, incluido tú mismo. Considera que mientras realizas esta práctica para profundizar y ampliar tu capacidad del corazón, muchísimas otras personas de todo el mundo están ampliando también su propia amabilidad y buena voluntad para que te lleguen también a ti.

Registro de prácticas

Cada día que practiques la meditación sobre el amor incondicional, completa el siguiente registro, del que encontrarás más copias en http://cultivarlamente.com/libro-mindfulness-y-emociones/.

Día y hora	¿Qué ha sido lo más destacado de esta práctica?

OBSERVACIÓN DE CAMPO
La amabilidad

La amabilidad «sobre la marcha»: experimenta enviar amabilidad a personas con las que te encuentres a lo largo del día, observando cómo te sientes al hacerlo. Si quieres, puedes utilizar las mismas frases del ejercicio de meditación del amor incondicional: «Que seas feliz... que tengas paz y alegría».

Observa qué ocurre en ti y en tu entorno cuando lo haces.

Notas de campo

_____

_____

_____

_____

_____

Ejercitar el «buen ojo»: busca la belleza y la bondad en sitios inesperados o en personas a las que normalmente ignorarías porque te parecen feas o poco interesantes. Busca cosas o hechos que pudieran ser motivo de aprecio en tu vida cotidiana. El punto central es practicar ver a los demás como te gustaría que los demás te vieran a ti.

Notas de campo

_____

_____

_____

_____

_____

La amabilidad es una cualidad del corazón que trae felicidad cuando es recibida de los otros, pero que, a través de su cultivo intencional, poco a poco nos damos cuenta de que genera aún más felicidad y bienestar cuando la ofrecemos. Cada vez que brindamos nuestra amabilidad nos estamos enviando el mensaje de que ya poseemos esta cualidad en nuestro interior, en un grado tal que tenemos para compartir.

Además de la meditación formal sobre el amor incondicional y las observaciones de campo de esta semana, intenta adoptar la actitud amable como una forma básica de relacionarte con la vida en su conjunto. En cualquier situación, vayan las cosas bien o mal, consigas o no lo que te propongas, simplemente pregúntate: «¿Qué implicaría traer la amabilidad a esta situación?».

Por último, recuerda que todos deseamos que se nos vea con los ojos de la amabilidad. Este es el consejo de Hafiz, poeta y místico persa del siglo XIV:

Admite algo: a todo el que ves, le dices: «Quiéreme».

Por supuesto, no lo dices en voz alta; de lo contrario, alguien llamaría a la policía.

Aun así, piensa en esto, en el gran impulso que nos lleva a conectar.

¿Por qué no convertirte en aquel que vive con una luna llena en cada ojo, diciendo, con ese dulce lenguaje de la luna, aquello que todos los otros ojos de este mundo mueren por oír? (Ladinsky, 2010, pág. 282)

Capítulo 10

Trabajar con el miedo

El arte de enfrentarse al monstruo

E l miedo es uno de los desafíos principales con que nos encontramos en el camino del cultivo del equilibrio emocional. Cuando tenemos miedo, nuestra perspectiva, nuestra imaginación y nuestros recursos personales se contraen y comenzamos a habitar en el mundo desde un sentido disminuido del yo; cuando tenemos miedo, nos hacemos más pequeños de lo que somos. Todos podemos resonar con la experiencia de tener que enfrentarnos a algo que nos atemorice la semana siguiente: tal vez una intervención médica, un plazo que se nos acaba o una reunión con una persona difícil. La simple anticipación de lo que va a suceder puede proyectar una sombra oscura de preocupación sobre toda la semana, opacando la alegría de las experiencias positivas que pasan desapercibidas bajo el peso del miedo anticipatorio.

Por otro lado, el miedo puede ser un aliado de valor incalculable en nuestro camino hacia el desarrollo personal y el equilibrio emocional, precisamente porque la experiencia del miedo hace más evidente nuestra tendencia a resistir y controlar la experiencia, en vez de aceptarla como es. El miedo y sus intensos correlatos físicos y mentales son como signos de exclamación internos que nos advierten de que existe un potencial para el crecimiento y la integración, justo en medio de nuestros temores. Esto sugiere algo que puede parecer contraintuitivo: para trabajar con nuestros miedos necesitamos acercarnos a ellos, en vez de huir –que es la tendencia del cuerpo y de la mente–. En este capítulo te invitamos a explorar la posibilidad de cultivar una relación radicalmente diferente con lo que te asusta.

En todos los mitos suele haber un punto en que el héroe ha de enfrentarse a algo realmente aterrador –un dragón o un monstruo– antes de alcanzar un nivel más profundo de integración personal, que se suele simbolizar a través del encuentro con la persona amada o el hallazgo de un tesoro, una llave o un anillo precioso. Cuando nos entrenamos para enfrentarnos a nuestros monstruos, poco a poco adquirimos la capacidad de sostener y explorar nuestros miedos desde la espaciosidad de la conciencia plena. A medida que comenzamos a relacionarnos de esta manera con nuestros temores y aprendemos a identificarlos por lo que son, accedemos a nuevos niveles de libertad. Esta libertad recién conseguida no nace del hecho de habernos liberado del miedo, sino de la certeza de que existe un espacio mucho más amplio en que el miedo puede surgir y desvanecerse, como cualquier otra experiencia. Pero vayamos paso a paso y comencemos por explorar qué es el miedo realmente.

¿Qué es el miedo? ¿Por qué lo sentimos?

El miedo es una emoción y, como tal, una experiencia humana completamente normal. Puede ser provocado por desencadenantes universales o personales, ambos relacionados con la amenaza de sufrir algún daño, sea físico o psicológico. Los desencadenantes universales incluyen cosas como un objeto que se precipita por el espacio y que parece que nos puede golpear si no lo esquivamos, una pérdida repentina de apoyo físico que nos provoca la sensación de que nos vamos a caer o una amenaza de dolor físico (Ekman, 2003).

Como humanos, podemos aprender a asustarnos de casi todo, de modo que los desencadenantes personales son muy variados. Después de ver una película de Alfred Hitchcock es posible que nos asuste el chirrido de una puerta que se abre, porque asociamos ese sonido con algo aterrador que ocurría en la película. Una amiga de Gonzalo que acaba de cumplir ochenta años tiene grandes dificultades para entrar en una habitación en la que haya un gato, y basta con que le mencionen la palabra *gato* para que palidezca, no porque haya tenido un encuentro traumático con algún felino, sino porque, cuando solo tenía cinco o seis años, alguien le contó una historia de terror en la que intervenía un gato endemoniado. Nos podemos asustar de casi todo, y el simple hecho de saberlo nos puede ayudar a comprender los miedos aparentemente irracionales de otras personas (y también los nuestros).

Aunque fuera posible vivir sin miedo, no sería algo deseable, ya que no podríamos evaluar el peligro ni reaccionar de forma apropiada. El miedo es el regalo de la naturaleza para asegurar la supervivencia. El cerebro y el resto del cuerpo evolucionaron con un complejo mecanismo destinado a experimentar el miedo y reaccionar ante él. Gracias a esta capacidad innata, hemos podido lidiar con depredadores, climas adversos y otras presiones ambientales a lo largo de nuestra historia evolutiva. Desde esta perspectiva, el miedo no es más que la forma en que evolucionaron el cuerpo y la mente para reconocer los peligros y prepararse para afrontarlos con eficacia. Sin embargo, aunque nuestra capacidad de experimentar miedo sea adaptativa, parece haber un gran desajuste entre los desafíos que amenazaban la vida de nuestros ancestros paleolíticos y los tipos de desencadenantes que normalmente hemos de afrontar hoy los humanos.

EXPERIMENTO

Respirar y observar el miedo

Cuando observes que surgen de forma espontánea el miedo, la ansiedad o la preocupación (probablemente no es lo que esté ocurriendo ahora mismo), acuérdate de hacer este experimento:

Simplemente toma tres respiraciones profundas y observa qué sucede en la mente y el cuerpo. Nota qué ocurre con la reacción de miedo, ansiedad o preocupación. ¿Sigue igual? ¿Cambia? Si cambia, ¿de qué modo? Después, cuando puedas, escribe tus respuestas.

_____

_____

_____

_____

_____

Piensa un momento en aquellos objetos, seres, situaciones o eventos que te producen estrés, ansiedad o miedo en tu vida diaria. Es probable que si has conseguido reservar cierto tiempo para leer este libro, los desencadenantes de tus miedos no tengan que ver con depredadores que acechen en el patio trasero de tu casa o que salten desde la pantalla de tu Kindle o iPad. Los miedos modernos están más relacionados con hechos como tener que tratar con alguna persona difícil en el trabajo, cumplir con un plazo límite o situaciones que provocan ansiedad social, como el miedo al rechazo o la vergüenza en público. Aunque es improbable que una fecha de entrega o tener que responder a cincuenta correos en un día represente un riesgo vital, el cuerpo sigue reaccionando frente a estos factores estresantes con una reacción en cadena que nos prepara para _luchar_, _huir_ o _quedarnos paralizados_.

Para complicar un poco más las cosas, no solo sentimos miedo como respuesta a circunstancias externas. Experiencias internas como los pensamientos y las emociones también pueden provocar miedo; un pensamiento sobre algo o alguien puede ser –y a menudo es– más aterrador que ese algo o alguien. El cerebro humano está equipado con un sofisticado mecanismo para hacer viajes en el tiempo y vivir en una realidad virtual: el neocórtex. Esto es una bendición y una maldición a la vez, porque nos permite planificar el futuro o imaginar diferentes escenarios posibles, pero también nos ofrece la posibilidad de emplear muchísimo tiempo y energía en repasar el pasado y ensayar el futuro, en lugar de ocuparnos de lo que realmente está presente. Si alguna vez has padecido insomnio sabrás que, incluso en el silencio de la noche y en una habitación oscura y acogedora, la mente se puede preocupar por las cosas más increíbles, cosas que a la luz del día pueden parecer insignificantes. Como en cierta ocasión decía Thomas Jefferson en una carta a John Adams: «¡Cuánto dolor nos han causado males que nunca existieron!» (Shapiro, 2006, pág. 395).

La emoción del miedo suele ir acompañada de distorsiones cognitivas como el «pensamiento en blanco y negro». Estas distorsiones tienen su utilidad para el tipo de temores a los que se enfrentaban nuestros antepasados: ante un tigre, no es muy útil buscar en el disco duro del cerebro lo que pueda decir Wikipedia, ni el episodio que viste hace poco en Animal Planet sobre animales salvajes: en cambio, la supervivencia exige que el pensamiento se reduzca a «tigre-malo-¡corre!». Hoy, sin embargo, el pensamiento en blanco y negro puede bloquear nuestra capacidad de responder con efectividad a las amenazas interpersonales, que son las que con mayor frecuencia nos estresan. Si tememos una reunión con un colega o con el supervisor, por ejemplo, es indispensable tener presente toda la complejidad y sutileza de las circunstancias tanto pasadas como presentes. Es difícil negociar eficazmente cualquier cosa sin ver el punto de vista de la otra persona, mientras que intentar empatizar con el tigre seguramente acabaría de inmediato con nosotros.

El miedo y el cuerpo

Tanto si el factor estresante es interno como externo, si supone un peligro auténtico o imaginario, el cuerpo responde con una serie de reacciones sucesivas. Son reacciones que llevamos integradas en el cerebro y el resto del cuerpo y fueron diseñadas para ponernos a salvo en caso de peligro o amenaza, por esto se las suele denominar colectivamente «respuesta de *lucha o huida*». Aunque esta es una expresión de uso habitual, existe otra reacción básica de protección que consiste en la *parálisis* ante el peligro percibido, como hacen muchos animales cuando experimentan un sobresalto. Nuestra respuesta depende de lo que nos hayan enseñado nuestras experiencias anteriores sobre cómo protegernos en situaciones similares.

Si uno no puede paralizarse, esconderse ni huir, es habitual sentir ira hacia todo lo que parezca peligroso. En estas situaciones, *mindfulness* puede ser muy útil, porque nos permite dirigir la conciencia hacia la ira en cuanto aparece. También es posible tener miedo de la propia ira o enfurecerse con uno mismo por tener miedo, y resulta de gran ayuda traer la atención plena a estos casos. Sea que luchemos, huyamos o nos quedemos quietos, se pone en movimiento de forma automática y a menudo inconsciente una cadena de reacciones internas y externas. Estas reacciones preparan al cuerpo para la acción frente a la amenaza percibida, algo que puede salvarnos la vida en situaciones realmente peligrosas, ayudando al cuerpo y la mente a disponerse fisiológicamente a afrontar el peligro.

La amígdala es un centro de alarma diminuto pero potente situado en el cerebro medio cuya función es detectar los mensajes de peligro del entorno, enviando señales químicas y eléctricas para generar un estado de hiperalerta que activan el hipotálamo, la glándula pituitaria y las glándulas suprarrenales. En este estado, podemos experimentar un ritmo cardíaco más rápido, tensión muscular, emociones más intensas, mayor presión arterial, sudoración y un estado de alerta. Es una reacción muy apropiada y saludable cuando es ocasional y nos ayuda a afrontar desafíos puntuales. Sin embargo, esta misma reacción automática se activa también por motivos que no suponen ningún peligro para la supervivencia física, por ejemplo al tener que hablar en público o realizar un examen. El miedo también puede desencadenarse por una sensación de amenaza a nuestro estatus social, nuestras ideas o nuestra sensación de control.

Cuando este estado de hiperalerta, caracterizado por la tensión psicológica y fisiológica, ansiedad, insomnio y fatiga, se repite una y otra vez, es probable que estemos cultivando un estado de ánimo ansioso, el cual es más permanente que la reacción de miedo y puede durar horas o días. Si permanecemos en este estado de ánimo ansioso, es más probable que aparezca la emoción del miedo como respuesta a algún desencadenante. Tal vez desconozcamos la razón de ese estado de ánimo ansioso, pero usualmente podemos apuntar a algo concreto que desencadena nuestro miedo.

Paul Ekman (2003) se refiere a siete emociones primarias y universales: miedo, ira, sorpresa, tristeza, desprecio, asco y alegría. Cada una de ellas representa una «familia» de emociones que comparte el mismo sabor, pero varía en la intensidad o el tono. Algunas otras emociones dentro de la familia del miedo son la preocupación, el terror, el nerviosismo, la inquietud, la ansiedad y la aprensión.

Cuando la ansiedad se vuelve parte del paisaje normal de nuestra experiencia, es posible que ni siquiera seamos conscientes de que estamos viviendo, de forma crónica, con la mente y el cuerpo dominados por el miedo. Pero, conscientes o no, el cuerpo sigue acusando las consecuencias de este estado y presenta síntomas como presión arterial alta, trastornos del sueño y dolores crónicos de cabeza y espalda.

A veces no podemos hacer nada ante el peligro de sufrir algún daño. Si no tenemos más alternativa que esperar y confiar en que sobreviviremos, el miedo se puede agudizar y convertirse en terror. Otras veces, cuando es posible hacer algo ante el peligro, focalizarse en ello puede mitigar el miedo. Por ejemplo, si al conducir se nos va el coche y corremos peligro de salirnos de la carretera, podemos enderezar el volante (una reacción muy probable). Con el volante controlado, el miedo disminuye: estamos concentrados en lo que necesitamos hacer. Sin embargo, si nos damos cuenta de que es imposible controlar el coche, el miedo puede pasar inmediatamente a un sentimiento de pánico (Ekman, 2003).

Mientras que la respuesta a un peligro inmediato suele reducir las sensaciones físicas de dolor, la preocupación por un peligro inminente suele aumentarlas, lo cual se traduce en una mayor vigilancia y tensión muscular. Estos efectos pueden ser acumulativos y provocar diversos problemas físicos.

Como ocurre con otras emociones, el miedo también tiene un período refractario. Cuando surge el miedo, es difícil sentir cualquier otra cosa o pensar en ella, y la cognición se queda «encerrada» de tal forma que solo vemos aquello que reafirma nuestro miedo. Por ejemplo, cuando vemos una película de terror, es posible que estemos hiperalertas a los diversos ruidos e interpretemos el sonido del viento o el crujir de la casa como una amenaza. Si el miedo se convierte en algo permanente en nuestra vida, podemos perder de vista partes importantes de la realidad que no calcen con nuestros temores.

Volvamos ahora a la experiencia directa mediante un ejercicio. Algunas formas de trabajar con el miedo implican esperar hasta que aparece. Aquí presentamos un sistema distinto y más proactivo en el que invitamos al miedo, eliminando el factor de lo impredecible y facilitándonos un mayor control.

EJERCICIO

Revivir el miedo

Este ejercicio consiste en una visualización guiada en la que recordarás algún momento en que tuviste miedo para encontrar la «geografía interior» –las coordenadas físicas– del miedo en el cuerpo. Comprender cómo se siente el miedo en el cuerpo y familiarizarnos con estas sensaciones puede ayudarnos a reconocer y etiquetar el miedo cuando surja, creando espacio para responder en vez de reaccionar. Recuerda que no existe una forma correcta ni incorrecta de experimentar una visualización. Además, tú puedes regular la intensidad del ejercicio, y aunque surjan sensaciones intensas, pasarán rápidamente. Te sugerimos que leas todas las instrucciones que siguen para familiarizarte con ellas. Después puedes volver a cada punto y dedicar uno o dos minutos a practicarlo antes de pasar al siguiente.

- Siéntate en posición de meditación, relajado pero atento, con las manos apoyadas cómodamente y los ojos cerrados. Conecta con tu cuerpo y siente las partes que están en contacto con la silla o el suelo.
- Toma tres respiraciones profundas, llenando completamente de aire el torso. Luego suelta todo el aire.
- Ahora, recuerda alguna ocasión en que estuvieras asustado. Contempla y recuerda lo que ocurrió, viendo en la mente la escena lo suficiente para exagerar las sensaciones en el cuerpo. Si observas otros sentimientos, como la ira o el asco, intenta centrarte de nuevo en el miedo.
- ¿Qué tipo de sensaciones sientes? ¿Tensión, calor, presión, frío? ¿En qué partes del cuerpo las sientes? Permanece con estas sensaciones cuanto puedas, añadiendo detalles a la escena si te hace falta para experimentar el miedo en el cuerpo. Puedes sentirte tentado a evitar las sensaciones del miedo, pero intenta hacer lo contrario: dales la bienvenida, explora cómo las sientes en el cuerpo y observa los pensamientos que se generan, sin dejar que te arrastren.
- Si puedes, acepta este sentimiento con compasión, acunándolo con amabilidad y ternura. ¿Cómo te relacionarías con un niño que estuviese aterrorizado? Siendo adultos, todavía seguimos albergando estos sentimientos, pero a menudo los condenamos y nos juzgamos como débiles por ello. ¿Qué es realmente lo que necesitas cuando estás asustado? ¿Eres capaz de ofrecértelo?
- Haz tres respiraciones profundas y lentamente dirige la atención de nuevo a lo que te rodea. Cuando estés preparado, abre los ojos.

Una vez terminado el ejercicio, escribe algunas notas en la tabla siguiente: ¿en qué partes del cuerpo sentiste el miedo?, ¿qué sensaciones notaste?, ¿qué pensamientos acudieron a tu mente?, ¿qué emociones surgieron?

Sensaciones físicas	Pensamientos	Emociones

Este ejercicio de revivir el miedo introduce algunos elementos de la perspectiva del *mindfulness* para trabajar con él, por ejemplo sentir las sensaciones del cuerpo, observar los pensamientos y las emociones relacionados con el miedo con una actitud no reactiva y cultivar el coraje de abrir la conciencia y el corazón ante lo difícil, en vez de cerrarlos. Exploremos en mayor detalle qué significa abrazar el miedo, la ansiedad y la preocupación con conciencia plena.

SOSTENER NUESTROS MIEDOS CON CONCIENCIA PLENA

Como decíamos antes, el miedo forma parte de nuestro repertorio emocional: no es más que una reacción biológicamente determinada a la amenaza que compartimos no solo con los demás humanos, sino también con el resto de los animales. Esto significa que cuando tengas miedo, puedes recordarte que no es tu culpa ni se trata de ninguna conspiración contra ti; es simplemente la forma en que han evolucionado el cerebro y el resto del cuerpo a lo largo de miles de años. Esto, evidentemente, no significa que no podamos hacer nada respecto a nuestros miedos. En realidad, podemos hacer muchas cosas, y gran parte de lo que podemos hacer tiene que ver con la *manera en que nos relacionamos* con la experiencia del miedo.

Cuando el miedo está presente, lo habitual es quedarnos fijados en la emoción, en vez de percibirlo como un estado transitorio que surge y desaparece como cualquier otro pensamiento o emoción. Nuestro sentido del yo tiende a contraerse en torno al miedo, y de esta forma tanto el miedo como el sentido del yo se vuelven más sólidos de lo que son. La sutil sensación de contracción y el deseo de controlarnos y controlar el entorno cuando tenemos miedo es, paradójicamente, aquello que nos deja atrapados en él. Ocurre exactamente lo mismo con la ira y la tristeza, que también son movimientos naturales de energía emocional: son la contracción y consolidación de la emoción y del yo que nos atascan y enferman.

Con la práctica de *mindfulness* aprendemos paulatinamente a suavizar esa contracción en torno al miedo. Es posible que se mantenga nuestro corazón acelerado y la presión arterial alta, y que se nos sigan pasando ideas terroríficas por la mente, pero poco a poco aprendemos a dejar de identificarnos con el miedo y comenzar a hacerlo con el campo más amplio de la conciencia. Dejar de identificarse con el miedo implica reconocer y recordar algo que puede parecer sencillo pero que no siempre es fácil de recordar cuando estamos asustados o preocupados: «No soy este miedo. Este miedo no soy yo. No soy esta preocupación. Esta preocupación no soy yo».

La conciencia plena puede abrazar al miedo del mismo modo que la madre abraza al hijo asustado en su regazo, hasta que se disipa el miedo del niño. La madre no puede forzar al niño a tranquilizarse. Lo único que puede hacer es ofrecer su cariño, calidez, sostén y paciencia. Del mismo modo, cuando practicamos *mindfulness* con nuestros propios miedos, aprendemos a ejercer de madres con nosotros mismos, sosteniendo nuestras emociones con el mismo tipo de calidez y paciencia. A veces sentimos que ofrecernos este tipo de cariño implica cierto egoísmo o narcisismo, pero en realidad ocurre lo contrario. Solo podemos ofrecer nuestra presencia y calidez a los demás si aprendemos primero a ofrecernos esas cualidades a nosotros mismos.

El amor y la amabilidad hacia nosotros mismos, entendidos como la capacidad de abrazar con una consciencia no enjuiciadora aquellos aspectos que quisiéramos rechazar o negar, quizás sean el mejor antídoto contra el miedo, y ese amor y amabilidad forman una parte integral de *mindfulness*. Gran parte del miedo viene de la creencia autolimitante, a menudo inconsciente, de que hay algo fundamentalmente mal en nosotros y que deberíamos ser diferentes de lo que somos. Cuando empezamos a cultivar el amor y la amabilidad hacia nosotros mismos y a suavizar nuestros juicios, disminuye considerablemente la sensación de estar en peligro (incluso ante circunstancias externas).

INCORPORAR MINDFULNESS EN EL CICLO REACTIVO DEL MIEDO

Con la práctica de prestar atención a la experiencia del momento presente con una actitud no enjuiciadora, es posible insertar *mindfulness*, como si de una cuña se tratara, en cualquier punto del ciclo reactivo del miedo, creando así el espacio necesario para responder en vez de reaccionar. Desde el momento en que se desencadena el miedo, sea por un factor estresante externo (como el encuentro con alguien difícil) o uno interno (como el miedo al juicio de los demás), es posible alterar la percepción del *propio desencadenante* al observar qué ocurre dentro y fuera del cuerpo sin caer automáticamente en la cascada de interpretaciones, juicios, pensamientos y emociones sobre lo que está aconteciendo.

No se trata de considerar seguro algo que nos parezca peligroso, ni de que nos guste o aprobemos el desencadenante. Es más cuestión de apartar el combustible de la llama observando la situación con claridad en vez de tomarla como algo sólido, monolítico y catastrófico. Podemos ver que, con solo observar nuestras sensaciones físicas y etiquetarlas, es posible evitar perdernos en la historia o incluso empeorarla con un ciclo inconsciente de pensamientos, emociones y sensaciones físicas.

Naturalmente, la intensidad percibida del desencadenante afectará a nuestra capacidad de observar con conciencia plena lo que surja. En el caso de desencadenantes menores (por ejemplo, la posibilidad de que lleguemos tarde a una cita), podemos adquirir conciencia con tiempo suficiente para observar cómo estamos interpretando los hechos y cambiar la percepción para obviar la reacción de miedo. En cambio, cuando reaccionamos inconscientemente ante un desencadenante agudo e intenso (por ejemplo, la anticipación de una intervención quirúrgica), la experiencia parece muy sólida y raramente nos damos cuenta de nuestras interpretaciones distorsionadas sobre el desencadenante, de modo que reaccionamos en piloto automático. En estas situaciones, nuestras interpretaciones del desencadenante se funden con nuestra percepción de él. Pero, con la práctica, insertar cuñas de *mindfulness* no solo es posible, sino habitual, incluso frente a los desencadenantes agudos e intensos.

Al traer la conciencia plena a la percepción de aquello que nos asusta, podemos percibirlo como algo menos permanente y quizás menos personal de lo que parece a primera vista. Cuando un desencadenante se percibe como inamovible y se toma como algo personal, se intensifica la tendencia a la sobreidentificación y al diálogo interno autodestructivo. En estos casos, puede ser de mucha ayuda recordar el consejo del sabio indio Shantideva: «Si puedes solucionar un problema, ¿para qué preocuparte? Si no lo puedes solucionar, ¿de qué te sirve preocuparte?» (Thondup, 1988).

Aunque tal vez sea fácil entender intelectualmente lo que dice Shantideva, su aplicación a situaciones reales de la vida no siempre es fácil ni inmediata, ni siquiera para personas como los monjes a los que él se dirigía. No obstante, la práctica de aplicar *mindfulness* a la percepción de los desencadenantes del miedo puede ser de gran utilidad incluso desde los primeros intentos. Aunque el miedo y la preocupación nunca desaparecerán del todo, la mayor conciencia contribuye a reducir el grado de activación fisiológica y emocional y facilita una recuperación más pronta del equilibrio. Es posible que el corazón siga acelerado y los músculos continúen tensos, pero se puede percibir gradualmente un cambio en la intensidad de la reacción.

Otra forma importante en que *mindfulness* puede crear el espacio para responder en lugar de reaccionar ante el miedo es permitiendo el acceso al contexto global de la situación, con lo que es posible encontrar nuevos modos de lidiar con la amenaza percibida. Como decíamos antes, cuando somos presa de una emoción, nuestro campo de conciencia tiende a reducirse, limitando la percepción a *solo* aquellos elementos del entorno que son relevantes para nuestro estado emocional actual y dejando entrar *solo* la información que reafirma la emoción. Si en lugar de esto nos detenemos a prestar atención a lo que está ocurriendo en el momento presente dentro y fuera del cuerpo, podremos tener una visión más clara de toda la situación. Esto nos permite encontrar nuevos recursos y alternativas interiores y exteriores para ocuparnos de la amenaza con mayor eficacia y creatividad.

Por ejemplo, imagina que se te avería el coche en medio de la autopista. Mientras estás en el período refractario, en el punto más alto de la respuesta de miedo, puede ocurrir que este sea tan intenso que te quedes paralizado dentro del coche y olvides que llevas el teléfono móvil en el bolsillo y el triángulo en el portamaletas, y que puedes aparcar en el arcén mientras los demás coches pasan a toda velocidad sin apenas percatarse del tuyo.

Mindfulness no solo es útil en el momento en que se produce la experiencia del miedo, la preocupación o la ansiedad. También nos ayuda a ser conscientes de lo que está sucediendo cuando comenzamos a evadirnos o entramos en comportamientos autodestructivos (por ejemplo, comer en exceso, trabajar de forma compulsiva, consumir sustancias tóxicas o permanecer pegado al televisor) como estrategias para lidiar con la ansiedad. En estas situaciones podemos explorar con curiosidad y sin juicios lo que está ocurriendo en ese preciso momento, en vez de quedarnos paralizados por la vergüenza, la culpa o el rechazo a nosotros mismos, que normalmente solo sirven para perpetuar y fortalecer el ciclo adictivo. El miedo va muchas veces asociado a nuestro desempeño y a cómo nos evalúan los demás, así que el miedo y la ansiedad pueden surgir cuando realizamos cualquier trabajo que vayan a ver otras personas. Por ejemplo, quizás notes la tendencia a consumir más azúcar e hidratos de carbono cuando estás trabajando en un proyecto difícil, como estrategia para calmar tu ansiedad.

Después de aprender la práctica de *mindfulness* de los pensamientos y las emociones, una alumna de un grupo compartió una idea interesante. Había notado desde hacía cierto tiempo que sus pensamientos estaban dominados principalmente por «hacer planes». Pero fue al focalizarse en sus emociones cuando por fin se dio cuenta de que todas esas ideas de planificación se alimentaban de la ansiedad, una forma de miedo. Planificar era una estrategia de su mente para intentar controlar lo desconocido: el futuro. Y como no podemos realmente conocer el futuro, tal vez gastemos inútilmente una gran cantidad de energía en intentar controlarlo.

Como puedes ver, hay muchas formas de aplicar la conciencia plena a la experiencia del miedo. La meditación ayuda a establecer esta respuesta consciente, haciendo que el pensamiento se desacelere y permitiéndonos observar lo que ocurre en la mente y el cuerpo momento a momento. Con el tiempo, todo esto se traspasa naturalmente al resto de la vida cotidiana, con lo que se abre un nuevo modo de lidiar y relacionarse con el miedo. Poco a poco dejamos de ser secuestrados por la energía del miedo y comenzamos a reconocerlo por lo que es, y si la amenaza en cuestión exige que actuemos, no lo haremos siguiendo hábitos automáticos, sino desde la espaciosidad, la calidez y la sabiduría, haciendo que nuestras acciones sean más efectivas.

PRÁCTICAS DE LA SEMANA 7

PRÁCTICA DE MEDITACIÓN

Mindfulness de la respiración, los pensamientos y las emociones

*(Encontrarás la grabación en
http://cultivarlamente.com/libro-mindfulness-y-emociones/)*

Para realizar esta práctica, vuelve al ejercicio «Mindfulness de la respiración, los pensamientos y las emociones» del capítulo 8 y repítelo en este contexto.

Registro de prácticas

Cada día que practiques mindfulness de la respiración, los pensamientos y las emociones, completa el siguiente registro, del que encontrarás más copias en http://cultivarlamente.com/libro-mindfulness-y-emociones/. Llevar un seguimiento de las comprensiones que te surjan con las prácticas te ayudará a integrar lo que vayas aprendiendo a partir de tu experiencia.

Día y hora	¿Qué ha sido lo más destacado de esta práctica?

OBSERVACIÓN DE CAMPO
El miedo

Los desencadenantes del miedo

Observa cuáles son tus desencadenantes del miedo. Haz una lista de objetos, personas, hechos o situaciones que te provoquen una reacción de miedo. Puedes mantener un diario sobre el tema o simplemente completar la lista en los espacios siguientes, añadiendo los desencadenantes que vayas observando.

_____

_____

_____

_____

_____

¿Observas algún patrón o tema común en tus desencadenantes del miedo?

_____

_____

_____

_____

_____

Respondiendo al miedo

Observa los momentos de miedo o incertidumbre y procura responder, en vez de reaccionar, a esos sentimientos, quizás incluso abordándolos con amabilidad y compasión. Escribe algunas notas sobre tus experiencias en esta práctica.

En este capítulo nos hemos familiarizado con el miedo: qué es, cómo y por qué se desencadena y cómo afecta a la mente y al cuerpo. Aproximarnos al miedo para observarlo de cerca disminuye la culpa, los sentimientos de inadecuación y la tendencia a tomarlo como algo personal. Al mismo tiempo, conocer mejor nuestros miedos nos ayuda a empatizar con los que sufren los demás.

Acercarse al miedo con curiosidad en vez de aversión nos ayuda a trabajar con el miedo al miedo. Del mismo modo que la única manera de lidiar con el monstruo del armario consiste en encender las luces y ver qué hay allí, nuestros miedos proliferan en la oscuridad de la inconsciencia, y la mejor forma de lidiar con ellos es a la luz de la conciencia y al calor de nuestra amabilidad.

Evidentemente, no es fácil desarrollar este tipo de conciencia cuando nos encontramos en las garras del miedo y su período refractario limita nuestra perspectiva. De ahí la gran importancia de realizar estas prácticas de forma regular. De este modo, nutrirás en tu interior las semillas de la valentía y la conciencia plena.

Capítulo 11

Despertar la compasión

Abrazando nuestra vulnerabilidad compartida

Parte de la sabiduría que se cultiva mediante las prácticas contemplativas involucra el reconocimiento experiencial del sufrimiento como un aspecto natural de la vida. Por afortunado, rico, inteligente o «buen meditador» que seas, habrá multitud de ocasiones en que no obtengas lo que deseas, obtengas lo que no deseas, estés alejado de quienes amas o tengas que permanecer cerca de quienes no te gustan. Además, por su propia naturaleza, el cuerpo humano enferma, envejece y, al final, muere, y lo mismo ocurre con el cuerpo de aquellos a los que queremos. No hay nada personal en esto ni nadie tiene la culpa de que así sea; sencillamente forma parte de las reglas básicas de la vida. Cuando la vida muestra su lado amargo, la mente se queja: «¿Por qué a MÍ?», lo cual refleja el hábito enraizado de aferrarse a la falsa idea de individualidad e independencia, la cual se vuelve muy sólida cuando algo nos duele. Cuando no tenemos problemas, raramente nos preguntamos: «¿Por qué NO a mí?».

Precisamente porque el sufrimiento forma parte de la experiencia humana, es importante familiarizarnos con él y desarrollar formas más sanas y constructivas de relacionarnos con él. En este capítulo, exploraremos la compasión (y la autocompasión) como una respuesta al sufrimiento que es clave para el equilibrio emocional sostenible. En este contexto, no definiremos la compasión como una emoción, una virtud ni una actitud. En cambio, simplemente la comprenderemos como la capacidad natural del corazón para reconocer el sufrimiento propio y de quienes nos rodean y conectar con él, junto con el sincero deseo de contribuir a aliviarlo.

EL DON DE LA VULNERABILIDAD

Se podría pensar que reconocer la vulnerabilidad y el sufrimiento podría desempoderarnos o deprimirnos, pero ocurre exactamente lo contrario. Cuando dejamos de resistir o negar aquello que es difícil y nos abrimos a la verdad del sufrimiento, recibimos un regalo inesperado. Es el don de darse cuenta de la belleza y el coraje del corazón abierto —y reconocerlos—, un corazón que es capaz de conectar y resonar con la vida en toda su profundidad, riqueza y complejidad. La alternativa a cultivar un corazón abierto y compasivo no consiste en evitar el sufrimiento (ya que esto no es posible), sino en invertir una cantidad absurda de energía en reforzar constantemente un muro protector que nos aísle de la vida, sin que con ello logremos realmente aislarnos de ese sufrimiento.

La compasión es el coraje de permitir que la impresionante belleza y el tremendo sufrimiento de la vida nos agriete y abra el corazón, reconociendo que precisamente es esta apertura lo que nos permite conectar auténticamente con los demás. La verdadera conexión solo puede nacer del reconocimiento de nuestra vulnerabilidad compartida, y todos los humanos somos iguales en que compartimos un grado de vulnerabilidad: todos poseemos la capacidad de sufrir y todos queremos estar libres del sufrimiento, ser felices y florecer como seres humanos. De hecho, no solo compartimos esta cualidad con las demás personas, sino que, en gran medida, compartimos esta fragilidad y este deseo de felicidad con todos los seres capaces de sentir.

En un nivel básico, la compasión nos invita a abstenernos de añadir más sufrimiento a una situación que ya es dolorosa. La compasión consiste en ser un aporte en vez de una molestia para nosotros mismos y para quienes nos rodean. El Dalái Lama suele aconsejar: «Si no puedes ayudar, al menos no hagas daño». Puede parecer algo evidente, pero considera por un momento el hábito tan arraigado que muchos tenemos de juzgarnos con dureza cuando las cosas no van como esperamos, cuando no rendimos como quisiéramos en una determinada tarea o cuando nos enfadamos con los demás como reacción a nuestro propio sufrimiento.

La compasión basada en la estabilidad no reactiva de la práctica de *mindfulness* tiene la capacidad de detener el ciclo del sufrimiento y de ayudar a transformar situaciones difíciles. Incluso cuando no podemos resolver un problema o hacer algo concreto para mitigar un determinado sufrimiento, siempre tenemos la libertad de decidir con qué actitud estar presentes en el mundo, y cuando practicamos estar presentes con actitud abierta y solidaria, podemos marcar una gran diferencia hasta en las circunstancias más difíciles.

En el capítulo 9 exploramos la amabilidad y la capacidad del corazón de alegrarse de la felicidad de los demás. Cuando esta misma cualidad básica altruista del corazón se encuentra con el sufrimiento, se convierte en compasión. Podríamos decir que la compasión es la respuesta del amor al sufrimiento. Mientras que el amor es el deseo sincero de ver a los demás seguros, felices y alegres, un deseo nacido del corazón abierto, tierno y optimista, la compasión es el sincero deseo de que el sufrimiento sea aliviado.

Además, a través del entrenamiento en la compasión no solo podemos reaccionar ante el sufrimiento de forma constructiva, sino también prevenir sufrimientos futuros al reconocer las semillas de sufrimiento que se están regando en el presente. Este carácter preventivo de la compasión demuestra la relación entre esta y la sabiduría, uno de cuyos aspectos es la capacidad de comprender la relación invisible entre las causas y sus consecuencias.

Antes de entrar en mayores detalles, vamos a explorar cómo podemos evocar la compasión mediante un experimento mental. Dada la importancia de aprender a darnos a nosotros mismos aquello que quisiéramos dar a los demás, empezaremos con un experimento de autocompasión. Recuerda abordarlo con una mente abierta y curiosa, y nota lo que emerja en tu propia experiencia. No existe una forma correcta o incorrecta de realizar este experimento, ni estamos buscando ningún resultado particular.

EXPERIMENTO
Autocompasión

Sigue estas instrucciones, deteniéndote un momento en cada paso antes de ir al siguiente:

* Siéntate en una postura cómoda y respira profundamente varias veces.
* Trae a tu mente un evento o situación que esté creando dificultad o estrés en tu vida. Puede ser algo que no saliera como esperabas, o quizás algo que lamentas haber hecho o dicho y por lo cual te criticas. Siente durante un momento todo lo que aparezca relacionado con ese evento.
* Evoca la imagen o la presencia de alguien que te conozca muy bien y te acepte con todas tus virtudes y tus flaquezas. Si te cuesta pensar en alguien concreto, trae a la mente la imagen de alguien a quien admires por su amabilidad y su compasión, quizás un guía espiritual o un líder religioso, o incluso algún ser imaginario sabio y amable. Cierra los ojos e imagina la presencia de esta persona con toda la viveza que puedas.
* Pregúntate: «¿Cómo me miraría esta persona? ¿Cómo me hablaría? ¿Qué me diría?». Tómate tu tiempo y deja que las palabras y las emociones emerjan a su ritmo.
* Permítete ser acogido y calmado por los sentimientos de cuidado empático, cariño o amabilidad que te genere ese amigo compasivo.

- Ponte la mano en el corazón y siente cómo el pecho se expande y se relaja con cada respiración. Reconociendo que la energía de la imagen compasiva surge de la capacidad de compasión de tu propio corazón y tu mente, repite en silencio esta frase varias veces, dejando que permee tu mente: «Que pueda ser un buen amigo para mí mismo. Que pueda tratarme con amor y compasión».

- Imagina durante un momento a todas las personas en el mundo que están pasando por circunstancias difíciles similares a las tuyas, reconociendo que tu sufrimiento no te aísla, sino que en realidad te conecta a muchos otros seres humanos. Desde esta perspectiva ampliada, imagina que los beneficios de esta práctica de la autocompasión también se irradian hacia muchas otras personas.

- Por último, comprueba si eres capaz de reconocer que, igual que tú, todas las demás personas desean que las vean y las traten con empatía, amabilidad y compasión. Si la siguiente aspiración resuena con tus propios valores, puedes repetirla en tu mente varias veces: «Que pueda ofrecer esta empatía y compasión a los demás».

- A medida que retornas a tu respiración, descansa por un momento en la sensación de un corazón abierto.

¿Qué has notado? Escribe todo lo que hayas observado en este experimento.

_____

_____

_____

_____

_____

_____

Puedes hacer de este experimento una práctica regular de autocompasión. Es un ejercicio especialmente útil cuando tengas emociones fuertes y difíciles, pero siempre es una buena idea practicar la autocompasión de forma habitual, incluso cuando te sientas bien contigo mismo. Cada vez que decides practicar, fortaleces la capacidad de tratarte con la empatía y la compasión que mereces.

LA AUTOCOMPASIÓN Y LA COMPASIÓN HACIA LOS DEMÁS

Existe una estrecha relación entre la autocompasión y la compasión hacia los demás. El Dalái Lama, uno de los promotores más entusiastas de la compasión, señala:

> Amarse a uno mismo es fundamental. Si no nos amamos a nosotros mismos, ¿cómo podemos amar a los demás? Parece que cuando algunas personas hablan de compasión, creen que esta implica ignorar por completo los propios intereses: sacrificar los intereses de uno. Este no es el caso. En realidad, el amor genuino debe dirigirse en primer lugar a uno mismo (Dalái Lama, 1997, pág. 143).

Este vínculo no debería ser algo tan sorprendente, pero cuesta ponerlo en práctica. Solo cuando poco a poco trabajamos en desarrollar el hábito de tratarnos a nosotros mismos con amabilidad y compasión empieza esta actitud a dar forma al modo en que tratamos a los demás.

Lo contrario también es cierto: si tenemos el hábito de juzgarnos y criticarnos con dureza, es natural que extendamos también esta costumbre de enjuiciar a los demás, de manera abierta o velada. En cierto modo, eres solo uno de los muchos personajes en el escenario de tu mente, junto a tus amigos, colegas, familiares y demás. A todos estos personajes les afecta el tipo de conversación que mantengas en el interior de la mente: el tono, las palabras, el ritmo y la intención. Tu forma de hablar a quienes te rodean fuera de tu cabeza suele ser el reflejo de este diálogo interior.

Observar la calidad de la conversación invisible que mantenemos con nosotros mismos es una práctica muy interesante, y cuando se empieza a prestarle atención durante la meditación, pueden surgir tomas de conciencia importantes. Las personas comienzan a darse cuenta de que llevan consigo todo tipo de autocríticas, creencias autolimitantes y juicios implacables que son prestados o heredados. Gran parte de ellos suele provenir de una edad muy temprana, y en algunos casos se trata de vestigios de las voces interiorizadas de padres estrictos, maestros severos, compañeros de clase crueles o hermanos competitivos. Estas voces tienden a aparecer precisamente cuando estamos bajo presión y nos sentimos más vulnerables, y a menudo adquieren la categoría de «verdades» definitivas, aunque haya una abundancia de datos objetivos que los contradigan. Es como quien padece anorexia y se sigue percibiendo demasiado gordo.

Kristin Neff, una eminente profesora e investigadora de la autocompasión, identifica tres componentes fundamentales de esta, pero también los puedes entender como componentes de la compasión hacia los demás, ya que la principal diferencia entre ambas es simplemente si el objeto de la compasión es uno mismo o los otros (Neff, 2011). El primer elemento es la *amabilidad*, que implica adoptar una postura empática y cuidadosa hacia nosotros mismos cuando nos sentimos inadecuados, incompetentes o defectuosos. En el experimento anterior, evocamos la amabilidad imaginando a alguien que te quería mucho y preguntándote: «¿Cómo me miraría? ¿Cómo me hablaría?». Suele ser difícil ofrecernos la amabilidad, el respeto y la empatía que le ofreceríamos a un amigo que estuviera en circunstancias difíciles. El componente de la amabilidad nos pregunta: «¿Puedes ser tu propio amigo cuando más lo necesitas?».

El segundo componente de la autocompasión es la *humanidad compartida*, lo que implica no ceder a la tendencia a aislarnos cuando nos encontramos en un estado de estrés o ánimo bajo y pensamos: «Esto solo me puede pasar a mí» («Soy el único que no entiende esto», «Soy el único que comete errores», «Soy el único aburrido», etc.). En cambio, practicamos recordar que no necesitamos excluirnos del género humano cuando las cosas van mal y, más importante aún, que la imperfección y el dolor son partes naturales de la experiencia humana. Nuestro sufrimiento no es prueba de que haya algo fundamentalmente malo en nosotros, sino que, como todo el mundo, tenemos nuestros altibajos. El componente de la humanidad compartida nos pregunta: «¿Eres capaz de mantenerte conectado y no aislarte en este difícil momento?».

El tercer componente de la autocompasión es *mindfulness*, que, en este contexto, se refiere a la capacidad de notar la presencia del sufrimiento y observarlo sin identificarnos completamente con él y sin que nos absorba del todo. En otras palabras, significa ser conscientes del sufrimiento, pero sostenerlo en el espacio amplio de la conciencia, en lugar de reducir nuestra identidad al tamaño de nuestro sufrimiento particular. El componente de *mindfulness* nos pregunta: «¿Puedes estar plenamente presente con esta experiencia de sufrimiento sin olvidar que eres mucho más amplio que eso?».

Al recordarte de forma regular estos aspectos de la autocompasión, puedes adoptar una actitud más equilibrada ante las emociones difíciles, de modo que no niegues ni reprimas el dolor emocional, ni tampoco te sobreidentifiques con él. Eres más amplio que tus emociones difíciles. Y lo mismo ocurre con el sufrimiento de los demás: puedes abrirte a él con cariño y la intención de ayudar, pero manteniendo la espaciosidad y la sabiduría del corazón que no se ahogan en sentimientos de malestar empático. Kristin Neff enseña una especie de mantra que se puede usar como recordatorio de estos tres componentes. En un determinado momento de malestar, autocrítica, vergüenza, preocupación o tristeza, puedes hacer el ejercicio de llevarte una o ambas manos al pecho, respirar lentamente varias veces y repetir mentalmente (o en voz alta, si te sientes cómodo):

Este es un momento de sufrimiento.
El sufrimiento forma parte de la vida.
Que pueda ser amable conmigo mismo en este momento.
Que pueda ofrecerme la compasión que necesito.
(Neff, 2011, pág. 119; reproducido con autorización).

216

El primer verso de este breve mantra evoca el aspecto de *mindfulness*, el segundo alude a la perspectiva de la humanidad compartida y los dos últimos son recordatorios del componente de la amabilidad. Si el mantra te parece útil, intenta memorizarlo, o escríbelo y colócalo donde lo puedas leer con facilidad. También puedes adaptar el lenguaje a tu propio estilo. Lo importante es que cargues de intención las palabras y no te limites a repetirlas automáticamente. Prueba este ejercicio varias veces y observa qué surge en tu propia experiencia.

La humanidad compartida y la percepción compasiva

Al reconocer nuestras imperfecciones y nuestra fragilidad a través del cristal de la autocompasión, podemos experimentar con mayor empatía y compasión las limitaciones de otras personas. Esto no es solo beneficioso para nosotros —porque la compasión por los demás reduce nuestro malestar y nuestra reactividad hacia sus imperfecciones— sino que también ofrece a los demás el espacio para reconsiderar sus actitudes en vez de ponerse inmediatamente a la defensiva. La conciencia de nuestra propia falibilidad nos puede ayudar a detenernos un momento antes de juzgar automáticamente a los demás y a intentar comprender mejor su situación y sus motivaciones, desde la perspectiva de la humanidad compartida. Si los juzgamos demasiado rápido desde una supuesta superioridad moral, corremos el riesgo de caer en la arrogancia y la cerrazón mental —una postura aparentemente sólida, pero en realidad muy frágil—. En cambio, al reconocer nuestras propias imperfecciones y aprender a relacionarnos con ellas con amabilidad y una buena dosis de humor, podemos ser más humildes y cálidos en nuestras relaciones con aquellos que nos rodean.

Del mismo modo que podemos ser más conscientes de cómo nos juzgamos a nosotros mismos, también podemos serlo de cómo juzgamos, clasificamos y evaluamos de forma automática a los demás. Si tenemos en cuenta lo poco que realmente sabemos de los otros y de sus circunstancias, parece que lo más sabio es cultivar una saludable dosis de escepticismo hacia los juicios que nos hacemos sobre ellos.

Estos juicios no solo son una suerte de ruido mental tóxico, sino que, además, suelen estar equivocados.

Los psicólogos sociales hablan incluso del «error de atribución fundamental», un sesgo profundamente arraigado que nos lleva a atribuir el comportamiento de los demás a sus disposiciones personales en vez de pensar en sus circunstancias. En cambio, empleamos el argumento opuesto para dar cuenta de nuestra conducta: si tengo el despacho hecho un desastre es porque no he tenido tiempo para ordenarlo, pero si tu despacho está desordenado es porque *tú eres* un desastre. Pero la verdad es que las personas (incluyéndonos a nosotros mismos) tienen la incómoda costumbre de ser mucho más complejas que nuestros prejuicios sobre ellas.

La idea de suspender los juicios apresurados y ofrecer el beneficio de la duda en vez de precipitarnos a sacar conclusiones no significa que debamos ser ciegos ni ingenuos ante las acciones ofensivas de los demás. Volviendo al lenguaje de la Comunicación No Violenta (Rosenberg, 2003), podemos aprender a percibir las acciones inhábiles (aquellas que provocan sufrimiento) como «expresiones trágicas de necesidades insatisfechas». ¿Qué significa esto?

Considera lo siguiente: toda acción se puede entender como el intento de satisfacer alguna necesidad. La estrategia para satisfacer esa necesidad puede ser acertada o no, pero la necesidad en sí misma merece reconocimiento y respeto. Esta perspectiva evita confundir a la persona con sus actos, lo cual significa que nos podemos oponer con fuerza a una acción sin por ello abandonar nuestra capacidad de empatizar con esa persona.

Por ejemplo, imagina a una adolescente que le está gritando algo así a su madre: «¡Deja de meterte en mis cosas, deja de manipularme la vida! ¡Quiero tomar mis propias decisiones! ¡Te odio!», y a continuación le da un portazo en las narices. Desde una posición reactiva podemos sentirnos tentados a etiquetar a la adolescente como «mala», «agresiva» o «insoportable», pero con ello no solo sabotearíamos la relación, sino que lo más probable es que la madre se culpase a sí misma de haber criado a una hija tan difícil. Y esta idea se le comunicaría a la hija, directa o indirectamente, alimentando su baja autoestima. En cambio, uno podría preguntarse: «¿Cuál es la necesidad humana legítima que se oculta detrás de ese berrinche emocional?». Varias son las posibilidades: autonomía, independencia, autovaloración, seguridad, respeto... No hay duda de que la conducta del adolescente es poco hábil, pero en realidad se trata de una expresión trágica de necesidades insatisfechas. La «tragedia» está en el hecho de que su propia forma de expresar la necesidad hace menos probable que esta sea satisfecha.

¿Qué ocurriría si empezáramos a ver nuestras propias acciones poco hábiles y las de los demás no como prueba de lo malos que somos, sino como «trágicas expresiones de necesidades insatisfechas»?

EJERCICIO
Percibir las necesidades detrás de las acciones

Siéntate en una postura cómoda y respira profundamente un par de veces. Recuerda alguna situación en que hicieras algo de lo que no te sientes satisfecho y por lo que te criticas. Puede ser algo que dijiste o hiciste. Tómate un tiempo para recordar con cierto detalle esa situación y nota el comentario crítico que surge cuando piensas en lo ocurrido. Ahora, manteniendo estos hechos en tu mente, lee la siguiente lista de necesidades humanas y comprueba si puedes identificar una o más de ellas que pudieran haber motivado tus palabras o acciones inhábiles. No se trata de hacer como si la acción estuviese bien, sino de explorar las necesidades insatisfechas que pudieron impulsarla. La lista de necesidades humanas básicas está tomada de la obra de Marshall Rosenberg (2003). Esta lista no pretende ser exhaustiva; siéntete libre de añadir otras necesidades que no aparezcan en ella.

- **Autonomía:** decidir los propios sueños, objetivos y valores; decidir un plan personal para alcanzar esos sueños, objetivos y valores.
- **Integridad:** autenticidad, creatividad, relevancia, autovaloración.
- **Interdependencia:** aceptación, apreciación, intimidad, comunidad, consideración, contribución al enriquecimiento de la vida,

seguridad emocional, empatía, honestidad, amor, reafirmación, apoyo, comprensión, cariño, cooperación.

- **Juego:** diversión, risa.
- **Comunión espiritual:** belleza, armonía, inspiración, orden, paz.
- **Sustento físico:** aire, comida, movimiento/ejercicio, descanso/ sueño, expresión sexual, seguridad, cobijo, tacto, agua.
- **Respeto, seguridad, confianza.**

Tomando las preguntas siguientes como claves para una suerte de meditación analítica, reflexiona sobre ellas y nota lo que surge:

¿Cuáles podrían ser las necesidades básicas detrás de ese comportamiento inhábil?

_____

_____

_____

_____

_____

¿Qué sentimientos afloran cuando reconoces las necesidades desatendidas en lugar de quedarte atascado en juicios sobre tus actos? Deja que aflore cualquier sentimiento. ¿Hay alguna parte de ti que reconozca que la necesidad era legítima, aunque la estrategia para satisfacerla no fuera la más oportuna?

_____

_____

_____

_____

_____

¿Se te ocurren estrategias alternativas más hábiles para satisfacer esas mismas necesidades?

_____

_____

_____

_____

_____

¿Sería justo que alguien te definiera y etiquetara basándose solo en esa acción particular? ¿Te define realmente esta acción? ¿Capturaría esa etiqueta toda la complejidad de tu ser?

_____

_____

_____

_____

_____

Una vez terminado el ejercicio, repítelo pensando en una acción inhábil de otra persona. Por ejemplo, puedes pensar en algo que dijera o hiciera un compañero de trabajo o alguien querido y que te disgustara o provocara malestar en tu entorno. Repasa de nuevo la lista de necesidades básicas, manteniendo en mente el evento, y a continuación reflexiona sobre las preguntas anteriores, esta vez utilizándolas como una meditación sobre la empatía con los demás.

_____

Al reflexionar sobre aquello que más necesitamos cuando sufrimos, podemos ser conscientes de lo que otros puedan necesitar cuando son *ellos* quienes sufren. Por ejemplo, sabemos por experiencia propia que cuando sufrimos de nada nos sirve que nos juzguen o ridiculicen; en cambio, apreciamos cuando alguien nos ofrece comprensión, apoyo, amabilidad, paciencia y confianza en nuestra capacidad de sobrellevar ese sufrimiento. Es evidente que la simple *proyección* de nuestras necesidades en los demás no necesariamente les va a ayudar, por lo que se debe complementar la perspectiva de la humanidad compartida con la precisión empática, es decir, la capacidad de percibir exactamente los sentimientos y las necesidades de la otra persona. Thich Nhat Hanh habla sobre la relación entre el amor y la comprensión de esta forma:

> Sin comprensión, el amor es imposible. ¿Qué debemos hacer para comprender a una persona? Debemos tener tiempo; debemos aprender a mirar en lo más profundo de esa persona. Debemos estar ahí, atentos; debemos observar, mirar profundamente. Y el fruto de esa mirada profunda se llama comprensión. El amor es auténtico si está hecho de una sustancia llamada comprensión (2004, págs. 2-3).

Para comprender a los demás necesitamos tiempo para mirar en profundidad, y esto es exactamente lo que hacemos cuando practicamos *mindfulness*. En el marco del cultivo de la compasión, *mindfulness* sale del cojín y la práctica se vuelve relacional. Las personas y sus necesidades no nos distraen de la práctica; los otros, con sus virtudes y sus defectos, son la campana de *mindfulness* que nos despierta de estar distraídos y ensimismados en nuestras propias preocupaciones. En última instancia, es en la relación con los demás donde nuestra práctica se hace real.

Prácticas de la semana 8

PRÁCTICA DE MEDITACIÓN
Meditación de la compasión

*(Encontrarás la grabación completa de esta práctica en
http://cultivarlamente.com/libro-mindfulness-y-emociones/)*

Busca un lugar tranquilo y cómodo y acomoda tu cuerpo de forma que puedas permanecer relajado y atento. Empieza con tres respiraciones diafragmáticas profundas.

Recuerda ahora alguna imagen compasiva que represente las cualidades de la sabiduría, la fortaleza, la aceptación y el amor. Imagina que estás en presencia de esta fuente de compasión, que eres el recipiente de su gran compasión. Siente como, ante esta presencia compasiva, puedes ser completamente tú mismo, sin necesidad de impresionar a nadie ni demostrar nada.

Piensa ahora en algún momento de la vida en que padecieras algún tipo de sufrimiento. Observa cómo te sientes al recordar esa experiencia. Imagina que ves tu propio sufrimiento a través de los ojos de tu imagen compasiva.

Con todos los sentimientos de calidez y cuidado que puedas despertar en ti, repite en silencio estas frases, conectando lo mejor que puedas con los sentimientos que subyacen tras las palabras: «Que pueda estar libre de este sufrimiento. Que pueda encontrar la paz y la alegría».

Ahora piensa en alguien que te importe, algún familiar o amigo, alguien cuyo recuerdo te haga sonreír de forma espontánea. Piensa en alguna ocasión en que ese amigo o esa persona querida estuvieran sufriendo, y con delicada conciencia observa cómo te sientes al traer esta imagen a la mente. Repite en silencio las palabras siguientes, procurando de nuevo conectar con los sentimientos que evocan: «Que puedas estar libre de este sufrimiento. Que puedas encontrar la paz y la alegría».

Ahora piensa en alguien a quien no sientas especialmente cercano, pero con quien tampoco tengas ningún conflicto, alguien a quien reconocerías pero que realmente no conoces bien. Piensa en el hecho de que esta persona, igual que tú, ha experimentado altibajos en su vida, tiene sueños y aspiraciones. Ahora imagina que pasa por momentos muy difíciles, quizás por problemas económicos o de salud, o por una depresión, y repite en silencio estas palabras: «Que puedas estar libre de este sufrimiento. Que puedas encontrar la paz y la alegría».

Ahora trae a tu mente a continuación a una persona difícil. Puede ser alguien con quien no te lleves bien o alguien que compita contigo. Considera el hecho de que esta persona, igual que tú, tiene altibajos en su vida y que, tal como tú, desea ser feliz y estar libre del sufrimiento. Imagina que pasa por momentos difíciles y repite en silencio estas palabras: «Que puedas estar libre de este sufrimiento. Que encuentres la paz y la alegría».

A continuación, empieza a ampliar el campo de tu conciencia, partiendo desde estas tres personas hasta considerar a todas las que viven en tu calle, en tu barrio y en tu ciudad y repite en silencio estas frases:

- «Que todos los seres estén libres de sufrimiento».
- «Que todos los seres estén libres de la angustia».
- «Que todos los seres estén libres del miedo».
- «Que todos los seres encuentren la paz y la alegría».

Por último, descansa un momento en este estado de compasión, con el corazón y la mente abiertos. Acoge la paz y la felicidad que esta actitud compasiva pueda traer a tu mente y a tu cuerpo.

La práctica de la compasión: preguntas frecuentes

- *«Temo que, si desarrollo la compasión hacia mí mismo, me haga más autoindulgente».*

Los estudios demuestran exactamente todo lo contrario: al desarrollar la autocompasión tienes más probabilidades de alcanzar tus objetivos, porque no te asusta tanto el posible fracaso (no serás tan crítico contigo mismo), tiendes menos a posponer las cosas (una actitud relacionada con el perfeccionismo) y es más probable que, cuando te desvíes de tus objetivos, vuelvas a dirigirte a lo que te hayas propuesto (Neff, 2011; Williams, Stark y Foster, 2008; Neff, Hsieh y Dejitterat, 2005).

- «*¿La práctica de la autocompasión hará que sea más egoísta y egocéntrico?*».

  Quienes practican la autocompasión no son más egoístas. Cuando te nutres de una relación amable y empática contigo mismo, en realidad posees más energía, más atención y más compasión que ofrecer a los demás.

- «*Cuando medito sobre la compasión, no siento nada especial. Es como si no hiciera más que repetir las palabras en mi mente, pero en realidad no ocurre nada*».

  Lo que entrenas con la práctica de la compasión no es una emoción particular, sino que te vas familiarizando con una actitud y una mentalidad. Recuerda que meditar significa «cultivar» algo (en este caso, la compasión). Si realizas la práctica de forma regular, observarás que hay días en que sientes muchas cosas y días en que no sientes nada. Esto no tiene importancia. Lo importante es reconectar una y otra vez con la intención de cultivar una actitud compasiva hacia ti mismo y hacia los demás.

- «*Esta meditación me exige demasiado. Puedo sentir compasión por mis amigos y mi familia, pero la compasión por personas extrañas (y, más aún, por toda la humanidad) me parece algo abstracto y demasiado grande*».

  Esta es una experiencia común, especialmente cuando se empieza con estas prácticas. Si la compasión por las personas desconocidas y por toda la humanidad te parece algo abstracto al principio, no hay ningún problema en que sigas durante un tiempo con la compasión hacia ti mismo y hacia tus seres queridos. Simplemente escucha el resto de las instrucciones sin practicar, o incluso puedes detener la grabación en ese punto. Cuando lleves unas semanas con esta práctica, puedes probar de nuevo con la meditación completa y ver qué ocurre. La mente y el corazón son flexibles y dinámicos: algo que hoy parece imposible puede convertirse después en el ejercicio que más te guste.

Registro de prácticas

Cada día que hagas la práctica de la compasión, completa el siguiente registro. Llevar un seguimiento de las comprensiones que te surjan con las prácticas te ayudará a integrar lo que vayas aprendiendo a través de tu experiencia.

Día y hora	¿Qué fue lo más destacado de esta práctica?

OBSERVACIÓN DE CAMPO
Reconocer la humanidad compartida

La siguiente es una práctica sencilla pero eficaz que te ayudará a ser más consciente de tu conexión con otros seres humanos: en tu vida cotidiana, cuando te encuentres con otras personas, simplemente obsérvalas y tómate un momento para suspender cualquier opinión automática que puedas formarte. Reflexiona sobre estas frases: «Tal como yo, esta persona quiere ser feliz... Tal como yo, esta persona quiere estar libre del sufrimiento». Como versión abreviada, puedes simplemente recordar: «Tal como yo».

Prueba este experimento en diferentes contextos y con personas distintas. Puedes practicarlo cuando estés con tu pareja o con tus hijos, en el trabajo o donde estudies, con los colegas o los compañeros de clase o mientras estés comprando en el supermercado. Trae una actitud curiosa hacia esta observación de los demás, y nota si, en sus gestos, en su comportamiento, en sus rutinas o incluso en todo aquello que pueda irritarte, puedes vislumbrar su vulnerabilidad, su genuino deseo de ser felices y estar libres de sufrimiento.

Sin tener un objetivo en mente, observa qué ocurre en tu interior y en tu interacción con quienes te rodean cuando empiezas a verlos desde esta perspectiva, cuando comienzas a entrenar tu percepción para reconocer nuestra humanidad compartida.

Notas de campo

_____

_____

_____

_____

_____

_____

OBSERVACIÓN DE CAMPO
Escribir una carta autocompasiva

Trae a tu mente una situación difícil reciente o algo de tu vida que te esté causando estrés o sufrimiento. Puede ser un problema personal o relacional, algo que suponga un reto para tu fuerza de voluntad o alguna dificultad que estés experimentando al intentar conseguir un objetivo importante.

Escríbete una carta compasiva sobre esta experiencia en segunda persona, como si se la escribieses a un amigo. Es una buena idea escribir la carta después de hacer una práctica de atención plena a la respiración o la meditación sobre la compasión. Incluye en ella los siguientes elementos:

- **Mindfulness.** Permítete pensar sobre tu estrés o tu sufrimiento. En la carta, reconoce y valida tus emociones, pensamientos, necesidades y aspiraciones. Por ejemplo: «Querida María: sé que te sientes triste/estás preocupada/asustada, etc. Sé que intentabas/esperabas/estabas haciendo cuanto podías para...». Escribe sobre el estrés o el sufrimiento específico, y también sobre la necesidad insatisfecha a la que este sufrimiento apunta: autonomía, seguridad, celebración, espacio, conexión, etc. (puedes utilizar la lista de «Percibir las necesidades detrás de las acciones»).
- **Humanidad compartida.** Ofrécete un mensaje de común humanidad. Por ejemplo: «Todos sentimos a veces que hemos cometido algún error/no hemos conseguido algo/nos hemos enfurecido con alguien/hemos sufrido una pérdida, etc.».
- **Amabilidad.** Ofrécete un consejo compasivo y ánimo. Puedes intentar imaginar lo que le dirías a un buen amigo en esta situación. ¿Qué palabras le ofrecerías a alguien en quien confías, a quien quieres y deseas lo mejor?

Después de escribir la carta compasiva, te la puedes leer en voz alta o guardarla para leerla cuando necesites ofrecerte compasión. También la puedes meter en un sobre y enviártela por correo: recibir en casa tu propia carta compasiva es algo muy especial.

Después de reconocer que el sufrimiento forma parte del tejido de la vida, en este capítulo hemos explorado maneras en que la compasión puede ser una respuesta sabia al sufrimiento, una respuesta que puede llevar al equilibrio emocional a largo plazo. Como la autocompasión y la compasión hacia los demás están estrechamente relacionadas, hemos propuesto diferentes prácticas para cultivar ambas. En definitiva, la compasión hace que nuestro endurecido sentido del yo se vuelva más poroso y abierto, y mediante la práctica empezamos a darnos cuenta de que la distinción entre la autocompasión y la compasión hacia los otros es en cierto modo artificial. Cuidarse realmente a uno mismo *es* cuidar a los demás, y cuidar a los demás realmente *es* cuidarse a uno mismo.

Un paso fundamental en el cultivo de la compasión consiste en reconocer nuestra humanidad compartida: ver que, pese a nuestras diferencias, estamos juntos navegando en el mismo barco humano. La madre Teresa de Calcuta dijo en cierta ocasión: «El problema del mundo es que dibujamos el círculo de nuestra familia demasiado pequeño». Por semejantes o diferentes que nos podamos sentir de otras personas, podemos estar seguros de que, tal *como nosotros*, todas ellas quieren gozar de buena salud, todas desean amor y respeto y todas quieren vivir una vida significativa. También sabemos que, tal *como nosotros*, todas anhelan estar libres del sufrimiento. Cuando reconocemos que incluso las acciones inhábiles son la expresión de necesidades insatisfechas, podemos cultivar unos ojos amables y unas manos hábiles para responder de forma compasiva, incluso al relacionarnos con las personas difíciles. Pero recuerda: la verdadera compasión no es suave ni difusa; la auténtica compasión puede implicar actuar con gran determinación y establecer límites claros.

En estos tiempos, cuando el sufrimiento es evidente en tantos niveles, la compasión puede considerarse como el bálsamo que necesitamos para sanar corazones rotos, comunidades en conflicto y países adictos a la guerra. Esperamos que este capítulo sea una invitación abierta para que continúes nutriendo las semillas de la compasión que ya llevas en el corazón.

Tercera parte

MANTENER Y PROFUNDIZAR LA PRÁCTICA

Capítulo 12

Las dietas del corazón, la mente y el cuerpo

Navegando por la catástrofe total

Una vez completado el programa de *Mindfulness* y equilibrio emocional, nos encontramos con buenas y malas noticias. Las malas (que normalmente es más cómodo oír antes) es que, mientras vivas y seas consciente, seguirás experimentando y sufriendo la agitación emocional. La buena es que ahora dispones de las herramientas que necesitas para recuperar el equilibrio con mayor rapidez y transformar el inevitable sufrimiento de la vida —«la catástrofe total»— en sabiduría y compasión. Mejor aún: en el momento en que lo afrontamos con conciencia plena, el sufrimiento se mitiga, y muchas veces alegra saber que somos capaces de navegar incluso por las agitadas olas de la emoción, que, con anterioridad al entrenamiento que nos ha proporcionado este programa, podrían habernos engullido.

Antes de pasar a considerar cómo aplicar lo que has aprendido a tu vida diaria, dediquemos unos minutos a reflexionar sobre lo que te haya parecido más importante de toda la diversidad de ejercicios y prácticas en los que has estado trabajando.

EJERCICIO
¿Qué he aprendido?

Este es un ejercicio guiado de visualización en el que podrás reflexionar sobre lo que hayas aprendido en las ocho últimas semanas. Procura no hacer el ejercicio de forma apresurada, sino dejando espacio suficiente antes y después de su parte principal para practicar mindfulness de la respiración. La intención aquí es consolidar mediante la reflexión y la escritura lo que hayas aprendido.

Usa las siguientes instrucciones como guía, y modifícalas cuando necesites hacerlo. Por favor, después de leer cada punto, dedica dos o tres minutos a seguir las instrucciones antes de pasar al siguiente.

• Siéntate en posición de meditación, en una postura cómoda y a la vez alerta, con las manos relajadas y los ojos cerrados. Observa tu cuerpo, sintiendo el contacto con la silla o el suelo.

• Haz varias respiraciones profundas, llenando completamente el torso y soltando después todo el aire.

• Ahora imagina que puedes contemplar a vista de pájaro las prácticas que has realizado en este libro, sobrevolando por encima de todas ellas. Desde esta posición puedes ver los elementos más prominentes del proceso. Imagina que ves desde ahí las prácticas, los ejercicios y los experimentos que se te ofrecieron en este libro. ¿Cuáles son los que más destacan? ¿Qué has podido utilizar? ¿Qué ha contribuido a tu equilibrio emocional? Tómate todo el tiempo que necesites para repasar lo que hayas aprendido y el efecto que esto haya tenido en tu vida.

Cuando termines, dedica unos momentos a escribir todo lo que te gustaría recordar de esta visualización.

Notas

_____

_____

_____

EL PROBLEMA DE LAS DIETAS

Las dietas tienen como mínimo dos problemas. El primero es que normalmente no funcionan, y el segundo, que solo se ocupan de la comida. De hecho, el segundo problema puede explicar el primero, al menos en parte. Analicemos este segundo problema y retrocedamos después al lamentable hecho de que las dietas, entendidas como plan alimentario para bajar peso, a la larga van perdiendo efectividad. Traci Mann y sus colegas de la Universidad de California en Los Ángeles analizaron treinta y un estudios a largo plazo sobre la dieta y descubrieron que la mayoría de las personas que perdían peso recuperaban después los mismos kilos o más (Mann *et al.*, 2007).

Lo habitual es que cuando oímos la palabra *dieta* no pensemos en navegar por Internet, escribir un mensaje de texto, ver la televisión, escuchar música o mantener alguna conversación. Por lo general, las dietas traen a la memoria imágenes de comida poco atractiva servida en pequeñas porciones. Pero se podría decir que nuestros sentidos se alimentan del estímulo, del mismo modo que el cuerpo se alimenta de lo que comemos. Las dietas de los sentidos se procesan en el cerebro y dan lugar a los pensamientos que tenemos. Y los estudios sobre neuroplasticidad revelan que el cerebro está constantemente configurándose a partir de lo que pensamos.

Es algo que te podrá parecer lógico al leerlo; sin embargo, nuestros hábitos a menudo se salen de toda lógica. Por ejemplo, a muchas personas les cuesta dormir por la noche. Los investigadores del sueño aseguran que tal trastorno ha alcanzado dimensiones colosales. En 2003 se calculaba que «entre cincuenta y setenta millones de estadounidenses padecen trastornos crónicos del sueño y la vigilia, lo cual les dificulta el funcionamiento cotidiano y afecta negativamente a la salud y la longevidad» (NHLBI, 2003). ¿Cuántas de estas personas ven las noticias en la televisión antes de acostarse? ¿Cuántas se llevan el portátil a la cama? ¿Cuántas discuten con su pareja a altas horas de la noche o ven algún programa que les acelera el ritmo cardíaco? Nunca lo podremos saber a ciencia cierta, pero son escenarios muy comunes.

Las dietas del cuerpo se refieren principalmente a lo que comemos, pero se podría argumentar que todo lo que hacemos para sostener el cuerpo es, en cierto sentido, una dieta. La palabra procede del griego *diaita*, que significa «estilo de vida». De modo que en esa interpretación más amplia se podrían incluir el ejercicio físico, la higiene, la atención médica, la protección solar, las lociones hidratantes, el descanso, el sexo, el contacto, etc., además de todo lo que comemos y bebemos. ¿Cuál es, entonces, la relación entre la dieta del cuerpo y el equilibrio emocional?

EXPERIMENTO
Unir los puntos

Esperamos que, llegado a este punto, disfrutes del proceso de utilizar tu propia vida y experiencia como laboratorio donde explorar la forma de desarrollar una mayor felicidad y un mayor equilibrio emocional. Para observar más allá de los engañosos razonamientos del hábito, necesitarás la firmeza sistemática de la mirada del investigador. Empezando ahora, y siguiendo después indefinidamente (o mientras te sea útil), reflexiona sobre los hábitos o dietas del cuerpo que afectan negativamente a tu equilibrio emocional. Utiliza el siguiente espacio para comenzar a unir los puntos que enlazan tu forma de alimentar tu cuerpo, en el sentido más amplio, y tu estado físico y emocional.

Notas

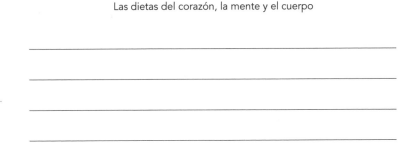

Pensamos que una razón de que las dietas no funcionen es que tanto comer en exceso como el consumo de alimentos de alto contenido calórico se deben a menudo a un desequilibrio emocional. Lamentablemente, la mayoría de las personas, ante el sufrimiento emocional, se involucran en actos que solo servirán para agudizar ese malestar y que las encerrarán en un círculo vicioso cuyos «sospechosos de siempre» son la vergüenza, la agitación, la autocrítica, el aislamiento, la evitación, etc. O, como plantea el gran maestro de la meditación Ajahn Chah: «Huir del sufrimiento equivale a correr hacia él».

Al unir los puntos, no solo entre las dietas de los sentidos y el equilibrio emocional, sino entre las emociones perturbadoras y los patrones de evitación, aparece la naturaleza esencialmente circular de la experiencia. Afortunadamente, es posible intervenir con conciencia plena y sabiduría en cualquier punto de este círculo.

En el capítulo 3 analizábamos la intención como la fuerza invisible que impulsa los resultados de nuestras acciones e investigábamos su relación con el equilibrio emocional. Otro importante momento que solemos descuidar y al que conviene prestar especial atención por lo que respecta a la intención es antes de comer. Independientemente de si seguimos una dieta o no nos negamos capricho alguno, ¿qué intención guía nuestro comportamiento? Si la motivación de nuestra dieta, o de nuestra rutina de ejercicios físicos, tiene que ver con el autocastigo y no con el autocuidado, ¿cómo afecta esta intención al resultado? Al llevar la conciencia a nuestras intenciones, es posible intervenir *antes* de que se inicie la espiral descendente de la que antes hablábamos. El mayor experimento de campo de todos, la madre de todos los experimentos de campo, consiste en observar la conexión entre tus intenciones, tus actos y tu estado mental.

ÉTICA Y EQUILIBRIO EMOCIONAL

Aunque tradicionalmente ha sido la religión la que ha establecido las bases y los límites de la ética y la moral, el Dalái Lama es un acérrimo defensor de la ética laica. En su libro *El arte de vivir en el nuevo milenio* expone un sistema moral basado en principios, más que religiosos, universales. Parte de la observación de que las personas de conducta éticamente positiva son más felices y se sienten más satisfechas y de la convicción de que casi toda la infelicidad que sentimos en realidad es fruto de nuestros propios actos. En pocas palabras, la conducta ética es la base del equilibrio emocional.

En los monasterios, cuando se enseña a meditar, se exige incluso a los practicantes laicos que sigan una serie de preceptos (por ejemplo, no causar daño, no robar, abstenerse de malas conductas, etc.) que cumplen diversas funciones. Estos preceptos, naturalmente, crean un entorno más armonioso. Pero igualmente importante es su poder de aquietar la mente. En el budismo *theravada*, del que deriva la mayor parte de las intervenciones basadas en *mindfulness*, el principal objetivo de la práctica de la meditación es liberar la mente de la codicia, el odio y la ignorancia. Para que la mente sea capaz de tomar conciencia de las verdades que causan esta libertad, debe entrar en un estado de suficiente calma y tranquilidad como para ver más allá o a través de nuestra forma habitual de percibir la realidad. Y cuanto más ética es la conducta, más aquietada está la mente.

Asimismo, son muy conocidas estas palabras del Dalái Lama: «Si quieres ser feliz, practica la compasión. Si quieres que los demás sean felices, practica la compasión», estableciendo así un vínculo entre la felicidad y el comportamiento ético. Desde la perspectiva budista, la felicidad no nace de la satisfacción de los sentidos ni de la adquisición material, sino de la mente que es capaz de percibir la naturaleza de la realidad. De esta visión clara surgen de forma natural la compasión, la amabilidad y el equilibrio emocional.

Si bien muchos de los preceptos morales están formulados en forma negativa («No harás tal o cual cosa»), se pueden enunciar igualmente en términos positivos. No es ético ser cruel con quienes sufren, de la misma manera en que es ético ser compasivo con ellos. Muchas personas se oponen de forma automática a todo lo que suene a obligación. En cuanto aparece la palabra *deberías* en la conversación, incluso cuando nos hablamos a nosotros mismos, surge la desmotivación, la negación o sencillamente la rebelión, y ese «deberías» se convierte en lo último que nos apetece hacer. Nuestra colega Kelly McConigal lo explica maravillosamente en su libro *The Willpower Instinct* (2012). ¿Te has dado cuenta de que los «deberías» se van amontonando? Es como si cargáramos con una mochila invisible llena de todo aquello que deberíamos hacer o haber hecho.

En dos artículos académicos sobre *mindfulness* (Brito, 2014; Cullen, 2011) hablamos de las intervenciones basadas en *mindfulness* para promover una ética laica, más que religiosa, y de cómo la integración de la ética y las intenciones ofrece un contexto más amplio y profundo para la práctica de *mindfulness*, de tal modo que no la malentendamos simplemente como la última técnica para reducir el estrés. Y esto es importante, ya que lo habitual es que las intervenciones basadas en *mindfulness* se enseñen en espacios convencionales a personas de muy diversas creencias y «no creencias». En este libro de prácticas se te invita a que des un paso más y asumas la responsabilidad de tu propia ética personal, no porque *debas*, sino porque ese paso te conducirá a tu propia felicidad y al equilibrio emocional, lo cual, a su vez, beneficiará a todos aquellos que te rodeen.

EJERCICIO
Redacta tus preceptos

Antes de empezar, dedica un momento a repasar lo que escribiste como respuesta a la visualización guiada de «Las tres preguntas» del capítulo 3 y, si quieres, escucha de nuevo esa visualización para ver si tus respuestas han cambiado o siguen siendo las mismas.

Cuando estés preparado, tómate un momento para reflexionar sobre qué preceptos te gustaría adoptar que contribuyan a una mayor felicidad y equilibrio emocional. Observa cualquier tendencia a utilizar este ejercicio simplemente como otra forma de castigarte, o de imponerte algún «deberías», y, en su lugar, intenta encontrar la motivación en el autocuidado y la autocompasión. Algunos ejemplos de preceptos son: no apropiarte de nada que no se te haya dado, decir la verdad, abstenerte de cualquier conducta sexual que te genere sufrimiento o se lo produzca a otros, no causarte daño ni causárselo a los demás, hablar con amabilidad y practicar la generosidad.

Antes de empezar a escribir, piensa si estos preceptos son realistas en tus circunstancias actuales. ¿Cuáles te apetece asumir? ¿Cuál crees que ha de ser el marco temporal para su cumplimiento? ¿Te gustaría probarlos durante un día? ¿Una semana? Es un compromiso importante, no porque vaya a caer sobre ti un rayo mortal si no lo cumples, sino porque puede traerte cierta desilusión si no lo cumples, añadiendo más peso a esa mochila invisible de todo aquello que deberías hacer o que no hiciste bien del todo.

Notas

_____

_____

_____

_____

_____

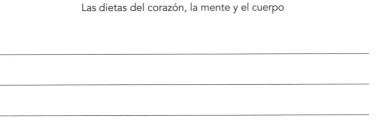

En este capítulo hemos vuelto a la primera parte, revisando específicamente el tema de la intención. Hemos también comenzado a considerar la posibilidad de ver la vida entera como una práctica. Lo hermoso de la palabra *práctica* es que sugiere un trabajo continuo, un proceso de llegar a ser, no un ideal estático. Ampliamos la definición de *dieta* para incluir en ella todo lo que ingieres con los sentidos y para unir los puntos entre tus experiencias y acciones y tu equilibrio emocional.

Te será muy útil que repases, una y otra vez, aquello que realmente te importa —tus valores personales— y luego te vistas la bata de laboratorio para realizar el mayor experimento de todos: el de tu propia vida. Procura observar directamente, sin distraerte y con amabilidad, la relación entre causa y efecto. Eres el único especialista en la materia, el investigador principal, el sacerdote, el rabino, Einstein, el premio Nobel. Solo *tú* puedes saber realmente lo que sientes en la mente y el cuerpo cuando llamas a tu madre o cuando no la llamas. Partimos de la premisa de que la ética, cuando surge de esta base profundamente personal, tiene el mayor potencial para sostener e informar nuestros actos progresivamente.

También te ayudará recordar que, por muy nobles que sean tus intenciones, nunca serás perfecto; cuando te sientas cansado o particularmente estresado, es más probable que incumplas tus propios preceptos. Cuando te ocurra —*y te ocurrirá*—, las llaves para recuperar el equilibrio emocional son el perdón y la autocompasión. Y el autoperdón es precisamente lo que te permitirá ser más amable y clemente con los demás. En esos momentos, también puede ser interesante la observación del poder de la costumbre, la rapidez con que te puede arrebatar las nuevas conductas que has aprendido en este libro. Has de saber que es algo habitual, no culpa tuya. Piensa que sea lo que fuere lo que te trajo a leer este libro, a estas prácticas, y a tus valores más profundos, es como la Estrella Polar: te guía y es, a la vez, inalcanzable.

Capítulo 13

La continuidad de la práctica

Resistencia e impulso

P or nuestra propia experiencia con las prácticas que se incluyen este libro, y por acompañar las prácticas de muchos otros, sabemos que el camino hacia el cultivo de *mindfulness* y el equilibrio emocional no es una línea recta de progreso sistemático. En realidad, se parece más a una carretera llena de curvas y altibajos, obstáculos y toda clase de aventuras inesperadas: como la vida misma. Y debido a que los aspectos fundamentales de este programa son más experienciales que intelectuales, la mera comprensión de las ideas principales no puede reemplazar al esfuerzo (y los beneficios) a largo plazo de la práctica regular. El final de un programa o un libro como este no es «...y fueron eternamente felices y plenamente conscientes».

Si la práctica no se realiza con regularidad, es probable que sus beneficios no perduren, porque de forma natural se impondrán de nuevo los hábitos mentales y emocionales que se han estado cultivando durante años. Es como cuidar del jardín: no se puede arrancar las malas hierbas y regar una vez al año y esperar los mejores resultados. Aunque al jardinero le encante su trabajo, para que el jardín florezca hay que complementar ese amor e interés con cierto grado de disciplina. El cuidado del jardín no puede depender solo del buen o mal humor del jardinero. El maestro de meditación Ajahn Sumedho dijo en cierta ocasión: «Nuestra práctica no es seguir al corazón; es enseñar al corazón» (citado en Goldstein, 2007, pág. 71). «Seguir al corazón» puede parecer un lema atractivo, pero no tiene en cuenta el hecho de que el corazón puede mantener determinados hábitos problemáticos. Para cultivar una mente sana y un corazón abierto, no basta con hacer lo que nos apetezca: hay que templar la voz del corazón con discernimiento y esfuerzo.

Es interesante observar que, aunque hayamos saboreado experiencialmente los beneficios de la práctica, no suele ser fácil establecer una rutina de práctica regular. Lo habitual es que surjan muchos obstáculos externos y resistencias internas: «Tengo muy poco tiempo», «Tengo mucho trabajo», «Estoy muy cansado», «Hay otras personas que me necesitan», «No dispongo de un lugar tranquilo donde practicar», «No lo sé hacer bien», «Hace mucho frío», «Hace mucho calor», «No dispongo de campana/incienso/pantalones cómodos/cojín/cronómetro/la aplicación para el yoga...». Se nos pueden ocurrir mil excusas para *no* practicar. Nosotros no hemos oído aún a una sola persona –ni siquiera a maestros de meditación– que diga que no ha pasado por altibajos en sus prácticas, y nosotros mismos hemos tenido períodos de práctica menos intensa –e incluso de ninguna práctica– y momentos en que nos parecía que la práctica era árida y no daba fruto alguno. Pasar por estas fases es otro aspecto de nuestra humanidad compartida.

En esos momentos, es importante recordar que ni los obstáculos ni la resistencia son ajenos a la práctica. Del mismo modo que las distracciones mentales no son realmente obstáculos en nuestra meditación, si miramos la vida desde una perspectiva más amplia, veremos que las dificultades con las que nos encontramos forman parte del camino. En realidad, los obstáculos revelan el camino pues señalan nuestros límites: los lugares que requieren de una mayor reflexión y desarrollo, y donde el crecimiento es posible.

Es imposible no encontrar obstáculos en el camino, pero siempre existe la posibilidad de transformarlos en oportunidades para la práctica. Esta es la lente con la que puedes decidir mirar la vida. Recuerda que, en un sentido más amplio, siempre estás practicando algo (siempre dispones de una lente con la que enfocas la vida), de modo que se trata más de *qué* practicas que de *si* practicas. Desde esta perspectiva, cada situación es una oportunidad para la práctica, y cada persona que conocemos, un maestro.

Al considerar que los obstáculos son el propio camino, podemos cultivar la conciencia plena, el perdón y la compasión hacia nuestra propia resistencia a la práctica de la conciencia plena, el perdón y la compasión. Es una especie de metapráctica: no importa dónde estés ni lo que sientas sobre tu práctica —entusiasmo, tedio, dicha, sopor, interés, etc.—, siempre puedes volver a la intención y los valores básicos que te llevaron a esas prácticas (repasa los capítulos 3 y 12) y preguntarte: «¿Qué supondría invitar a la conciencia plena y la compasión exactamente a esta situación, exactamente a este momento?».

Quisiéramos compartir algunas estrategias que te ayuden a reforzar cualquier impulso e inspiración que hayas obtenido al trabajar con este libro y te permitan relacionarte con los obstáculos y la resistencia que naturalmente han de aparecer. Pero antes dediquemos un momento a analizar tu propia resistencia y tus dificultades, así como los recursos de los que dispones para mantener una práctica regular. La previsión de los posibles obstáculos aleja el «factor sorpresa», lo cual nos ayuda a encontrar formas creativas de anticiparnos a ellos o de abordarlos con eficacia. Además, nuestras sugerencias cobrarán mayor sentido cuando tengas una idea más clara de tu situación concreta.

EJERCICIO
Identificar los obstáculos, la resistencia y los recursos

En este ejercicio reflexionarás sobre todo lo que se te pueda presentar como obstáculos o resistencias a establecer o mantener una práctica regular, además de algunos posibles recursos que te ayuden a afrontarlos. La intención aquí es utilizar la reflexión y la escritura para identificar a los «sospechosos habituales» que se pueden interponer en tu camino. Utiliza las siguientes instrucciones como guía, y modifícalas según te convenga. Comienza el ejercicio con una breve práctica de concentración y luego dedica un par de minutos a cada paso antes de acometer el siguiente.

- Siéntate en posición de meditación, en una postura cómoda y a la vez alerta, con las manos relajadas y los ojos cerrados. Observa tu cuerpo, sintiendo el contacto con la silla o el suelo. Haz algunas respiraciones profundas, llenando completamente el torso y soltando después todo el aire.
- A continuación, con el ojo de la mente contempla tu vida cotidiana. ¿Cómo se estructuran los días y las semanas? Piensa en los horarios, las costumbres y las rutinas diarias.
- Imagina que estableces una práctica diaria de meditación. ¿Cómo sería? Piensa en cómo podrías buscar espacio para la práctica, procurando ser lo más concreto y realista que puedas. Escribe todas las ideas que se te ocurran.

_____

_____

_____

_____

- Ahora piensa un momento en las resistencias interiores y los obstáculos exteriores que se te puedan interponer en la práctica. Escríbelos.

_____

_____

_____

_____

- Por último, piensa en los recursos interiores y exteriores que te puedan ayudar a prevenir o a tratar de forma efectiva los obstáculos y las resistencias que hayas relacionado antes.

_____

_____

_____

_____

Lee las respuestas y piensa si hay algo más que quisieras añadir. Al pensar en las resistencias, los obstáculos y los recursos posibles, procura hacerte una imagen más clara de lo que supondría establecer una práctica regular.

_____

ESTABLECER UNA PRÁCTICA REGULAR

Ahora que tienes una noción más clara de tu propia situación en lo que a la práctica se refiere, nos gustaría compartir algunas orientaciones que a otros les han sido de gran utilidad. No son verdades universales (una talla única no les calza a todos), sino pautas generales que puedes probar para ver si tienen sentido en tu propia experiencia. Primero propondremos algunos principios generales y después pasaremos a sugerencias más concretas.

Fíjate expectativas realistas. Las expectativas no realistas crean naturalmente una resistencia interior a la práctica. Cuando decidas establecer una rutina para la práctica, sé realista sobre lo que puedes y no puedes hacer. Por ejemplo, si llegas a casa del trabajo a las nueve de la noche y programas la práctica para las once (cuando los niños estén ya acostados), es muy probable que también tú te quedes dormido en cuanto te sientes en el cojín de meditación. Asimismo, decidir empezar a despertarse a las tres y media de la madrugada porque en algún sitio has leído que el

Dalái Lama realiza la primera práctica a esa hora del día puede ser una mala idea. Es preferible comprometerse con una secuencia regular de prácticas a una hora realista que fijarse un programa intenso que exigiría importantes ajustes en tu vida o en la de otras personas.

Celebra las pequeñas victorias. El cerebro y la mente tienen tendencia a centrarse en lo que está mal y no funciona. Por esto es especialmente importante prestar atención de manera intencionada a lo que sí funcione en tu práctica y dedicar cierto tiempo a saborear el placer que proporcionan las pequeñas victorias. Por ejemplo, es importante observar y celebrar cualquier momento en que el malestar emocional no se incremente hasta llegar a convertirse en pánico: cuando sepas identificar un pensamiento autocrítico como «simplemente otro pensamiento», cuando te decidas por el perdón en lugar de aferrarte al resentimiento o cuando te tomes un momento para calmarte y así evitar que la agresividad se agudice y lleve a una discusión acalorada. Las pequeñas victorias son importantes porque es en las situaciones más simples y aparentemente insignificantes donde se producen las transformaciones a largo plazo.

Identifica las resistencias interiores. Como hemos ido exponiendo a lo largo de este programa, existe una relación importante entre la resistencia a la experiencia del momento presente y el desequilibrio emocional. Las emociones difíciles se alimentan de la reticencia a aceptar lo que ocurre en nuestro interior y fuera de nosotros y a establecer una relación con todo ello. Por consiguiente, una pauta general para la práctica diaria es tener plena conciencia de las situaciones, las personas, las emociones y los pensamientos que provoquen resistencia, y analizar la posibilidad de responder de otras formas, en lugar de limitarte a reaccionar. Entrenarte para mirar de frente aquello que desencadena la resistencia, en vez de huir de ello, puede ser en sí mismo una poderosa práctica diaria.

Ve en las relaciones un campo para la práctica. Como seres humanos, nuestra existencia sucede en la relación y la interdependencia y nuestra vida emocional influye en la forma de relacionarnos con los demás, a la vez que está influida por ella. Charlotte Joko Beck, maestra de meditación zen, habla de la importancia de las relaciones como campo de práctica en estos términos:

Cuando nos involucramos en la práctica con las relaciones, comenzamos a ver que estas son nuestra mejor forma de crecer. En las relaciones podemos ver cómo son realmente nuestra mente, nuestro cuerpo, nuestros sentidos y nuestros pensamientos. ¿Por qué son las relaciones tan excelente práctica?... Porque, aparte de la meditación formal, no hay otra práctica que sea superior a las relaciones a la hora de ayudarnos a entender dónde nos quedamos atascados y a qué nos aferramos. En la medida en que estemos dispuestos, tenemos la gran oportunidad de aprender y crecer. Así pues, una relación es un magnífico regalo, no porque nos haga felices –muchas veces no ocurre así– sino porque cualquier relación íntima, si la vemos como una práctica, es el espejo más claro que podemos encontrar» (Beck y Smith, 1989, págs. 88-89).

Así pues, la sugerencia es ampliar la idea de práctica más allá de una perspectiva puramente individual y prestar atención a la gran diversidad de formas en las que los elementos fundamentales de la práctica (la atención, la conciencia, la ecuanimidad, la empatía, la compasión) pueden ser entrenados al relacionarnos con los demás.

Crea un espacio para la práctica. Es muy importante encontrar o crear un rincón tranquilo y mantenerlo como lugar preparado para practicar en él la meditación. No necesitas toda una habitación ni un lugar exquisitamente dispuesto: basta con un rincón de un par de metros cuadrados en cualquier habitación. Si ya dispones de un espacio donde meditar, no hace falta que lo armes cada vez que vayas a practicar. Puedes tener siempre ahí un cojín para la meditación (o una silla, si lo prefieres), además de algunos libros (como este), imágenes que te motiven y hasta flores, incienso, una piedra o cualquier cosa que evoque las cualidades que vas a cultivar en ese lugar. Ninguno de estos objetos es necesario, pero te pueden ayudar a crear un espacio inspirador en el que quieras pasar algún tiempo.

Escoge una hora que te vaya bien. La gente varía mucho en sus preferencias y predisposiciones, pero suele ser una buena idea establecer una hora regular para la práctica de la meditación, en vez de tener que decidirla cada vez que vayas a efectuarla. No importa que practiques a primera hora de la mañana, a última de la noche o a alguna intermedia. Se trata de no esperar el «momento perfecto» —no existe— ni sentir un deseo o una necesidad urgente de meditar, sino hacerlo de forma regular, como harías con cualquier otro hábito, por ejemplo, el de lavarte los dientes. Sin embargo, a pesar de lo dicho, a muchas personas les es más fácil empezar el día con la meditación: la mente está más despejada, más descansada y menos agitada. Desaconsejamos el «atracón de meditación»: si durante la semana no meditaste en ningún momento, no intentes ponerte al día con una sesión de cinco horas el sábado. En este sentido, el entrenamiento físico y el mental son parecidos: hay un umbral a partir del cual cualquier esfuerzo es más perjudicial que beneficioso.

Empieza con sesiones cortas. Normalmente es mejor empezar con sesiones cortas pero regulares, tal vez de entre diez y quince minutos, para después irlas alargando progresivamente hasta los veinticinco o treinta minutos, incluso más. Aunque utilices las meditaciones guiadas, puedes parar la grabación y descansar un momento si lo necesitas. Como norma general, es mejor acabar la sesión cuando aún te sientas entusiasmado con ella, en vez de terminarla con la sensación de haber llegado agotado. Algunas personas caen en la tentación de competir por ver quién aguanta más, pero la meditación no es un asunto cuantitativo: lo que realmente importa es la calidad del tiempo que emplees en ella.

Decide de antemano lo que vayas a practicar. Decidir qué vas a practicar en el momento en que te sientes te puede provocar confusión y agotamiento: parece que la mente necesita un poco de estructura y cierta previsión. En este libro te sugerimos que mantengas la misma práctica durante una semana antes de pasar a la siguiente. Ahora que ya has terminado el programa, puedes iniciar de nuevo el ciclo de ocho semanas, o bien seguir con la misma práctica durante más de una semana. El tema de cada capítulo tiene contenido suficiente para mantenerte ocupado durante mucho tiempo, de modo que no dudes en, por ejemplo, dedicarte al perdón uno o dos meses, si esto es lo que te apetece. Dicho esto, no pasa nada si un día crees que te iría muy bien hacer una práctica distinta. Confía en tu propio discernimiento. Sin embargo, una vez que hayas empezado una práctica, no te precipites a otra, porque con ello, más que reforzar la *atención*, fomentarás la *desatención*.

Ten siempre en cuenta los elementos fundamentales del programa. Aunque en este libro has aprendido una amplia diversidad de prácticas, es conveniente que tengas en cuenta los aspectos fundamentales del programa, para que puedas evocarlos y utilizarlos siempre que lo necesites: la conciencia de la respiración, la conciencia de las sensaciones, los pensamientos y las emociones, el perdón, la amabilidad y la compasión hacia ti mismo y hacia otros. Una forma sencilla de mantener vivas estas prácticas básicas y de que sigan siendo relevantes es establecer tus intenciones para el día —por ejemplo, la intención de cultivar una mente estable y un corazón abierto— y revisar tus propósitos por la noche, dedicando un rato a apreciar todos los momentos en que fuiste capaz de encarnar y realizar tus intenciones de la mañana.

Usa la práctica informal como cuña de sabiduría y compasión en la vida diaria. Puedes emplear los experimentos y las observaciones de campo de este libro como «prácticas informales»: ejercicios que no requieren el cojín de meditación. La idea es convertir la práctica para el equilibrio emocional en una forma de vida, sosteniendo la relación contigo mismo y con los demás.

Utiliza un diario de meditación (o alguna aplicación). En lugar de los registros de prácticas de las que hacías uso en la segunda parte de este libro, puede serte útil un diario de meditación. No se trata de que interrumpas la práctica para escribir las grandes ideas que se te ocurran mientras la realizas, sino de escribir al final algunas notas sobre lo que te resultó más relevante. Este seguimiento de las prácticas no solo te proporciona un valioso registro de tu proceso, sino que también te ayuda a asentar e integrar tus descubrimientos y aprendizajes y aplicarlos después a tu vida. Hoy existe además la opción del teléfono inteligente. Algunas aplicaciones tienen diversas funciones, por ejemplo, cronómetro, diario y estadísticas para la meditación, así como la posibilidad de unirse *online* a una amplia comunidad.

Conecta con otras personas y otros recursos. Reunirse con unas cuantas personas o un grupo para practicar la meditación es una excelente forma de mantener viva la motivación y tu compromiso en la práctica. Además de los recursos que señalamos en la parte final de este libro, es una buena idea buscar grupos y clases de meditación locales o asistir a charlas de interés sobre estos temas. Aunque las prácticas grupales no sean idénticas a las que hayas aprendido en este programa, es muy probable que el apoyo y la energía del grupo te sean muy beneficiosos. Además de asistir a clases, retiros y sesiones de grupo, puedes fomentar la práctica con la lectura de libros y artículos sobre meditación. En el apartado «Recursos adicionales» al final del libro encontrarás ideas que nos han sido muy útiles.

Esperamos que estas sugerencias te sirvan para establecer una práctica regular, porque nada puede reemplazar a la práctica constante para entrenar la mente y el corazón. El buen estado mental y emocional, al igual que el físico, requiere regularidad y esfuerzo, no el tipo de esfuerzo que te hace apretar los dientes y te estresa, sino un esfuerzo amable motivado por el respeto hacia ti mismo y tu legítimo deseo de vivir una buena vida.

Como todo en la vida, la práctica es un proceso que se despliega continuamente y está siempre cambiando. A medida que vayas prestando atención a este sutil aspecto de la vida, empezarás a reconocer nuevas dimensiones y perspectivas, como las ramas nuevas que brotan del árbol. Si te distraes, te falta disciplina y acabas por no practicar tanto como habías previsto, no te castigues, porque con ello no harías sino acrecentar la resistencia. Atiende al proceso orgánico que se despliega dentro de ti, en vez de obsesionarte con disponer de las condiciones perfectas o con hacer bien lo que corresponde. Aunque solo practiques un poco, irás alcanzando progresivamente tus objetivos. Gota a gota se llenan grandes recipientes.

Conclusión

N o siempre son fáciles las conclusiones, en parte porque en cierto sentido son artificiales. Todo en la vida es un proceso, y los principios y finales están estrechamente entrelazados. Como decíamos en el capítulo 1, el camino hacia el equilibrio emocional, la plenitud y la integración no es recto, ni existe un punto final. Mientras escribíamos estas conclusiones, Margaret recibió un correo electrónico difícil que la desestabilizó emocionalmente y Gonzalo navegaba las olas de la ansiedad por un ser querido que estaba hospitalizado. Los dos encontramos consuelo al repasar estas páginas y recordar lo que ya sabíamos que era una verdad profunda, pero que en aquellos momentos de intensa emoción olvidábamos.

Lo que este libro pretende es, en muchos sentidos, recordarte lo que ya sabes y conducirte de nuevo a lo que ya eres. La mayoría necesitamos muchos recordatorios, porque es muy fácil olvidar. En ello nos pueden ayudar los buenos amigos, como lo pueden hacer las sugerencias del último capítulo. Y no hay que avergonzarse de volver al principio y empezar de nuevo, una y otra vez.

La belleza de *mindfulness* es precisamente esta posibilidad de volver a empezar, aquí y ahora. Lo que ocurrió el año pasado, la semana pasada o en la respuesta a un correo hace cinco minutos, ya pasó. Y conectar con un sentido de libertad incondicional y completa es posible en cualquier momento de conciencia plena. Las emociones se producen, de nuestra boca salen palabras rabiosas como sale el conejo de la chistera del mago y la persona a que adorábamos hace cinco minutos de repente se ha convertido en un demonio y lo hace todo mal.

Los teóricos de la emoción como Paul Ekman aseguran que esto es lo que significa ser seres sintientes. Las emociones son una parte exquisita del ser humano, y pueden ser comprendidas. Tienen causas y cumplen funciones, y de algún modo se comportan de forma previsible. Como señalábamos en los capítulos sobre la emoción, la ira y el miedo, esta interpretación intelectual puede contribuir a normalizar las emociones, hacerlas más «amables con el usuario» y menos amenazantes. Ayuda mucho recordar que cuando te encuentras en un período refractario de miedo, todo parece más peligroso y amenazador.

Mindfulness es aquello que nos permite reconocer el período refractario cuando se está produciendo y lo que crea un espacio en la mente para poder identificar las percepciones distorsionadas provocadas por ese período. La conciencia plena es la llave que abre el poder de este entendimiento intelectual y nos permite utilizarlo en el instante en el que surge la emoción: justo en el momento (o, más probable, al cabo de unos segundos) de recibir ese correo inquietante, de que nos den una mala noticia relacionada con la salud o de tener una conversación tensa con nuestra pareja. En un momento de auténtico *mindfulness*, no solo hay conciencia, sino también perdón y amor. Lo que sea que surja se recibe con aceptación incondicional. Este amor trasciende del deseo y el apego individuales y nos conduce directamente a una dimensión de nosotros mismos que va más allá de nuestra historia personal, otorgándonos el acceso directo a la fuente inagotable de amabilidad y compasión que llevamos dentro.

Mediante las prácticas de cultivo de la amabilidad y la compasión, el corazón se hace más flexible, y la flexibilidad es la base de la resiliencia. Lo que estaba congelado se empieza a derretir, los bordes endurecidos comienzan a ablandarse y se abren las puertas del corazón que estaban cerradas. Y, tal vez lo más importante, vemos que no estamos solos. Estas prácticas nos recuerdan la humanidad compartida, y esta conciencia no solo nos alivia el dolor y el sufrimiento, sino que nos acerca más a los demás.

Aunque no nos conozcamos personalmente, estamos unidos en este camino. Gracias por recorrerlo con nosotros. Anticiparnos a tu interés en el tema de Mindfulnes y equilibrio emocional nos ha permitido sumergirnos en temas que nos importan profundamente. Al escribir, lo hemos hecho tanto para nosotros mismos como para ti. De esta manera, nos guiamos entre todos hacia nuestro verdadero hogar.

•

Recursos adicionales

Libros

Brach, T., *Radical Acceptance: Embracing Your Life with the Heart of a Buddha*, Nueva York, 2003, Bantam Books.

Chödrön, P., *The Wisdom of No Escape: And the Path of Loving-Kindness*, Boston, 1991, Shambhala.

_____*When Things Fall Apart: Heart Advice for Difficult Times*, Boston, 2000, Shambhala.

_____*Start Where You Are: A Guide to Compassionate Living*, Boston, 2001, Shambhala.

Dalai Lama, *Ethics for the New Millennium*, Nueva York, 1999, Riverhead Books.

_____*The Compassionate Life*, Boston, 2001, Wisdom Publications.

_____*How to Practice: The Way to a Meaningful Life*, Nueva York, 2002, Pocket Books.

_____y H. C. Cutler, *The Art of Happiness in a Troubled World*, Londres, 2009, Hodder and Stoughton.

De Waal, F. B. M., *The Age of Empathy: Nature's Lessons for a Kinder Society*, Nueva York, 2009, Harmony Books.

Ekman, P., *Emotional Awareness: Overcoming the Obstacles to Psychological Balance and Compassion: A Conversation Between the Dalai Lama and Paul Ekman*, Nueva York, 2008, Times Books.

Feldman, C., *Compassion: Listening to the Cries of the World*, Berkeley, CA, 2005, Rodmell Press.

Germer, C. K. y R. D. Siegel, *Wisdom and Compassion in Psychotherapy: Deepening Mindfulness in Clinical Practice*, Nueva York, 2012, Guilford Press.

Gilbert, P. y Choden, *Mindful Compassion*, Londres, 2013, Robinson.

Goldstein, J., *Insight Meditation: The Practice of Freedom*, Boston, 1994, Shambhala.

Goleman, D., *Destructive Emotions: How Can We Overcome Them?: A Scientific Dialogue with the Dalai Lama*, Nueva York, 2003, Bantam.

Gunaratana, H., *Mindfulness in Plain English*, Boston, 2002, Wisdom Publications.

Hanson, R., *Hardwiring Happiness: The New Brain Science of Contentment, Calm, and Confidence*, Nueva York, 2013. Random House (*Cultiva la felicidad*, 2015, Editorial Sirio).

Jinpa, T., *Essential Mind Training: Tibetan Wisdom for Daily Life*, Boston, 2011, Wisdom Publications.

Kabat-Zinn, J., *Wherever You Go, There You Are: Mindfulness in Everyday Life*. Nueva York, 1994, Hyperion.

_____*Full Catastrophe Living: Using the Wisdom of Your Body and Mind to Face Stress, Pain, and Illness*, ed. rev., Nueva York, 2013, Bantam.

Khema, A., *Being Nobody, Going Nowhere: Meditations on the Buddhist Path*, Boston, 2001, Wisdom Publications.

Kornfield, J., *A Path with Heart*, Nueva York, 1994, Bantam.

_____*The Art of Forgiveness, Lovingkindness, and Peace*, Nueva York, 2002, Bantam.

Loizzo, J., *Sustainable Happiness: The Mind Science of Well-Being, Altruism, and Inspiration*, Nueva York, 2012, Routledge.

Luskin, F., *Forgive for Good: A Proven Prescription for Health and Happiness*, San Francisco, 2002, Harper-Collins.

McKay, M., P. Fanning y P. Z. Ona, *Mind and Emotions: A Universal Treatment for Emotional Disorders*, Oakland, CA, 2011, New Harbinger Publications.

Nguyen, A. H. y Thich Nhat Hanh, *Walking Meditation*, Boulder, CO, 2006, Sounds True.

Salzberg, S., *Lovingkindness: The Revolutionary Art of Happiness*, Boston, 1995, Shambhala.

_____y R. A. F. Thurman, *Love Your Enemies: How to Break the Anger Habit and Be a Whole Lot Happier*, Carlsbad, CA, 2013, Hay House.

Segal, Z. V., J. M. G. Williams y J. D. Teasdale, *Mindfulness-Based Cognitive Therapy for Depression: A New Approach to Preventing Relapse*, Nueva York, 2002, Guilford Press.

Tsering, T., T. Zopa y G. McDougall, *Buddhist Psychology*, Boston, 2006, Wisdom Publications.

Wallace, B. A., *Buddhism with an Attitude: The Tibetan Seven-Point Mind-Training*, Ithaca, NY, 2001, Snow Lion Publications.

_____*The Attention Revolution: Unlocking the Power of the Focused Mind*, Boston, 2006, Wisdom Publications.

Webs
Center for Compassion and Altruism Research and Education, http://ccare.
stanford.edu.
Center for Mindfulness, www.umassmed.edu/cfm.
Center for Mindful Self-Compassion, www.centerformsc.org.
Compassionate Mind Foundation, www.compassionatemind.co.uk.
Greater Good Science Center, www.greatergood.berkeley.edu.
Mind and Life Institute, www.mindandlife.org.
Paul Ekman Group (web de Paul Ekman), www.paulekman.com.
Self-Compassion (web de Kristin Neff), www.self-compassion.org.
UCLA Mindful Awareness Research Center, www.marc.ucla.edu.

Recursos de audio
Buddhist Geeks Podcast, www.buddhistgeeks.com/category/podcast.
Dharma Seed, www.dharmaseed.org.
Sounds True, www.soundstrue.com.

Revistas
Inquiring Mind, www.inquiringmind.com.
Mindful, www.mindful.org/mindful-magazine.
Shambhala Sun, www.lionsroar.com.
Tricycle, www.tricycle.com.

Centros de meditación y retiro
East Bay Meditation Center (EBMC), Oakland, California, www.eastbayme-
ditation.org.
Insight Meditation Society, Barre, Massachusetts, www.dharma.org.
Omega Institute, Rhinebeck, Nueva York, www.eomega.org.
Spirit Rock Meditation Center, Woodacre, California, www.spiritrock.org.

Páginas web en español
Cultivar la Mente - página web de Gonzalo Brito (www.cultivarlamente.com).
Sociedad Mindfulness y Salud (http://www.mindfulness-salud.org/).
Nirakara Mindfulness Institute (www.nirakara.org).
Página web de Claudio Araya (http://mindfulness.cl/).
Rebap Internacional (http://www.rebapinternacional.com/).
Asociación Española de Mindfulness – AEMind (http://www.aemind.es/).
Instituto esMindfulness (http://www.esmindfulness.com/).
Mindfulness Vicente Simón (http://www.mindfulnessvicentesimon.com/).
Instituto Mindfulness (http://www.institutomindfulness.cl/).

Bibliografía

Abuelaish, I., *I Shall Not Hate: A Gaza Doctor's Journey on the Road to Peace and Human Dignity*, Nueva York, 2011, Walker and Co.

Barbery, M., *The Elegance of the Hedgehog*, trad. de A. Anderson, Nueva York, 2008, Europa Editions.

Bartlett, M. y D. DeSten, «Gratitude and Prosocial Behavior: Helping When It Costs You», *Psychological Science* 17, 2006, págs. 319-325.

Beck, C. J. y S. Smith, *Everyday Zen: Love and Work*, San Francisco, 1989, HarperCollins.

Benn, R., T. Akiva, S. Arel y R. W. Roeser, «Mindfulness Training Effects for Parents and Educators of Children with Special Needs», *Developmental Psychology* 48, 2012, págs.1476-1487.

Brito, G., «Rethinking Mindfulness in the Therapeutic Relationship», *Mindfulness* 5, 2014, págs. 351-359.

Carson, J. W., F. J. Keefe, V. Goli, A. M. Fras, T. R. Lynch, S. R. Thorp y J. L. Buechler, «Forgiveness and Chronic Low Back Pain: A Preliminary Study Examining the Relationship of Forgiveness to Pain, Anger, and Psychological Distress», *Journal of Pain* 6, 2005, págs. 84-91.

Correll, J., S. J. Spencer y M. P. Zanna, «An Affirmed Self and an Open Mind: Self-Affirmation and Sensitivity to Argument Strength», *Journal of Experimental Social Psychology* 40, 2004, págs. 350-356.

Creswell, J. D., W. T. Welch, S. E. Taylor, D. K. Sherman, T. L. Gruenewald y T. Mann, «Affirmation of Personal Values Buffers Neuroendocrine and Psychological Stress Responses», *Psychological Science* 16, 2005, págs. 846-851.

Cullen, M., «Mindfulness-Based Interventions: An Emerging Phenomenon», *Mindfulness* 2, 2011, págs. 186-193.

Cullen, M. y R. Kabatznick, «The Traveling Peacemaker: A Conversation with Marshall Rosenberg», *Inquiring Mind* 21, 2004, págs. 47.

Dalai Lama, *The Four Noble Truths: Fundamentals of Buddhist Teachings*, 1997.

Ekman, P., *Emotions Revealed: Recognizing Faces and Feelings to Improve Communication and Emotional Life*, Nueva York, 2003, Times Books.

Emmons, R. A. y M. E. McCullough, «Counting Blessings versus Burdens: An Experimental Investigation of Gratitude and Subjective Well-Being in Daily Life», *Journal of Personality and Social Psychology* 84, 2003, págs. 377-389.

Fredrickson, B., *Love 2.0: Creating Happiness and Health in Moments of Connection*, Nueva York, 2014, Plume.

Friedberg, J. P., S. Suchday y V. S. Srinivas, «Relationship Between Forgiveness and Psychological and Physiological Indices in Cardiac Patients», *International Journal of Behavioral Medicine* 16, 2009, págs. 205-211.

Gandhi, M. K., *The Collected Works of Mahatma Gandhi. Vol. 51*, Nueva Delhi, 2000, Publications Division Ministry of Information and Broadcasting, Government of India.

Gilbert, P., «Introducing Compassion-Focused Therapy», *Advances in Psychiatric Treatment* 15, 2009, págs. 199-208.

Goldstein, J., *A Heart Full of Peace*, Boston, 2007, Wisdom Publications.

Hanson, R. *Hardwiring Happiness: The New Brain Science of Contentment, Calm, and Confidence*. Nueva York, 2013, Harmony Books (*Cultiva la felicidad*, 2015, Editorial Sirio).

Hanson, R. y R. Mendius, *Buddha's Brain: The Practical Neuroscience of Happiness, Love, and Wisdom*, Oakland, CA, 2009, New Harbinger Publications.

Harris, A. H. S., F. Luskin, S. B. Norman, S. Standard, J. Bruning, S. Evans y C. E. Thoresen, «Effects of a Group Forgiveness Intervention on Forgiveness, Perceived Stress, and Trait-Anger», *Journal of Clinical Psychology* 62, 2006, págs. 715-733.

Hasenkamp, W., C. Wilson-Mendenhall, E. Duncan y L. Barsalou, «Mind Wandering and Attention During Focused Meditation: A Fine-Grained Temporal Analysis of Fluctuating Cognitive States», *NeuroImage* 59, 2012, págs. 750-760.

Ilibagiza, I., *Left to Tell: Discovering God Amidst the Rwandan Holocaust*, con S. Erwin, Carlsbad, CA, 2006, Hay House.

James, W., *The Principles of Psychology, Vol. 1*. Nueva York, 1890, Henry Holt and Co.

Kabat-Zinn, J., *Coming to Our Senses: Healing Ourselves and the World Through Mindfulness*, Nueva York, 2005, Hyperion.

Kabat-Zinn, J. *Full Catastrophe Living: Using the Wisdom of Your Body and Mind to Face Stress, Pain, and Illness*, ed. rev., Nueva York, 2013, Bantam.

Kemeny, M. E., C. Foltz, J. F. Cavanagh, M. Cullen, J. Giese-Davis, P. Jennings, et al., «Contemplative/Emotion Training Reduces Negative Emotional

Behavior and Promotes Prosocial Responses», *Emotion* 12, 2012, págs. 338-350.

Killingsworth, M. A. y D. T. Gilbert, «A Wandering Mind Is an Unhappy Mind», *Science* 330, 2010, pág. 932.

King, M. L., *The Words of Martin Luther King, Jr.*, ed. Coretta Scott King, Nueva York, 1983, Newmarket Press.

Kornfield, J., «Changing My Mind, Year After Year», Jack Kornfield, 5 de noviembre de 2012, www.jackkornfield.com/changing-my-mind-year-after-year

Ladinsky, D. J., *A Year with Hafiz: Daily Contemplations*, Nueva York, 2010, Penguin Books.

Legault, L., T. Al-Khindi y M. Inzlicht, «Preserving Integrity in the Face of Performance Threat: Self-Affirmation Enhances Neurophysiological Responsiveness to Errors», *Psychological Science* 23, 2012, págs. 1455-1460.

Logel, C. y G. L. Cohen, «The Role of the Self in Physical Health», *Psychological Science* 23, 2012, págs. 53-55.

Longfellow, H. W, *Poems and Other Writings*, Nueva York, 2000, Literary Classics of the United States.

Mann, T., A. J. Tomiyama, E. Westling, A. M. Lew, B. Samuels y J. Chatman, «Medicare's Search for Effective Obesity Treatments: Diets Are Not the Answer», *American Psychologist* 62, 2007, págs. 220-233.

Maslow, A. H., *The Psychology of Science; A Reconnaissance*, Nueva York, 1966, Harper and Row.

Neff, K. D., *Self-Compassion: Stop Beating Yourself Up and Leave Insecurity Behind*, Nueva York, 2011, William Morrow.

Neff, K. D., Y. P. Hsieh y K. Dejitterat, «Self-Compassion, Achievement Goals, and Coping with Academic Failure», *Self and Identity* 4, 2005, págs. 263-287.

Nhat Hanh, Thich, *The Miracle of Mindfulness: An Introduction to the Practice of Meditation*, trad. de M. Ho, Boston, 1987, Beacon Press.

Nhat Hanh, Thich, *Stepping into Freedom: An Introduction to Buddhist Monastic Training*, Berkeley, CA, 1997, Parallax Press.

Nhat Hanh, Thich, *True Love: A Practice for Awakening the Heart*, trad. de S. Chödzin, Boston, 2004, Shambhala.

NHLBI (National Heart, Lung, and Blood Institute), *National Sleep Disorders Research Plan*, Bethesda, MD, 2003, National Institutes of Health.

Nisker, W., *Crazy Wisdom Saves the World Again! Handbook for a Spiritual Revolution*, Berkeley, CA, 2008, Stone Bridge Press.

Rilke, R. M., *Letters to a Young Poet*, trad. de S. Mitchell, Nueva York, 1984, Random House.

Roeser, R. W., K. A. Schonert-Reichl, A. Jha, M. Cullen, L. Wallace, R. Wilensky, E. Oberle, K. Thomson, C. Taylor y J. Harrison, «Mindfulness Training and Reductions in Teacher Stress and Burnout: Results from Two Randomized, Waitlist-Control Field Trials», *Journal of Educational Psychology* 105, 2013, págs. 787-804.

Rogers, C. R., «The Necessary and Sufficient Conditions of Therapeutic Personality Change», *Journal of Consulting Psychology* 21, 1957, págs. 95-103.

Rosenberg, M. B., *Nonviolent Communication: A Language of Life*, 2ª ed. Encinitas, CA, 2003, PuddleDancer Press.

Salzberg, S., «The Power of Intention», *The Oprah Magazine*, enero de 2004. www.oprah.com/spirit/Sharon-Salzberg-The-Power-of-Intention

Schmeichel, B. J. y K. Vohs., «Self-Affirmation and Self-Control: Affirming Core Values Counteracts Ego Depletion», *Journal of Personality and Social Psychology* 96, 2009, págs. 770-782.

Shapiro, F. R., *The Yale Book of Quotations*, New Haven, 2006, Yale University Press.

Stoia-Caraballo, R., M. S. Rye, W. Pan, K. J. B. Kirschman, C. Lutz-Zois y A. M. Lyons, «Negative Affect and Anger Rumination as Mediators Between Forgiveness and Sleep Quality», *Journal of Behavioral Medicine* 31, 2008, págs. 478-488.

Thondup, T., *The Healing Power of Mind: Simple Meditation Exercises for Health, Well-Being, and Enlightenment*, Boston, 1988, Shambhala.

Tolstoy, L., *2 Anna Karenina*, Auckland, 2008, Floating Press.

Trungpa, C., *The Essential Chögyam Trungpa*, ed. de C. R. Gimian, Boston, 1999, Shambhala.

Trungpa, C., *The Collected Works of Chögyam Trungpa. Volume 2*, ed. de C. R. Gimian. Boston, 2003, Shambhala.

Turan, B., C. Foltz, J. Cavanagh, A. Wallace, M. Cullen, E. Rosenberg, P. Jennings, P. Ekman y M. Kemeny, «Anticipatory Sensitization to Repeated Stressors: The Role of Initial Cortisol Reactivity and Meditation/Emotion Skills Training», *Psychoneuroendocrinology* 52, 2015, págs. 229-238.

Tutu, D., *No Future Without Forgiveness*, Nueva York, 1999, Doubleday.

Wang, Z. y J. M. Tchernev, «The 'Myth' of Media Multitasking: Reciprocal Dynamics of Media Multitasking, Personal Needs, and Gratifications», *Journal of Communication* 62, 2012, págs. 493-513.

Whyte, D., *The Heart Aroused: Poetry and the Preservation of the Soul in Corporate America*, Nueva York, 2002, Doubleday.

Williams, J. G., S. K. Stark y E. E. Foster, «Start Today or the Very Last Day? -The Relationships Among Self-Compassion, Motivation, and Procrastination», *American Journal of Psychological Research* 4, 2008, págs. 37-44.

Sobre los autores

Margaret Cullen es terapeuta de pareja y familia y profesora del programa Reducción del estrés basado en *mindfulness* (MBSR). También se ha formado con Zindel Segal en Terapia cognitiva basada en *mindfulness* (MBCT). Lleva veinte años impartiendo clases y dirigiendo programas de *mindfulness* en diversos ámbitos, entre ellos, grupos de ayuda a pacientes con cáncer y sida, grupos médicos y grupos ejecutivos, entre otros. Participa desde hace diez años en la elaboración y enseñanza de programas de investigación en la Universidad de California en San Francisco, entre ellos «Cultivo del equilibrio emocional», dirigido a profesores, y «Gestión de la ansiedad en la comida y el modo de vida mediante la meditación», dirigido a mujeres con sobrepeso. En 2008 puso en marcha un programa de equilibrio emocional basado en *mindfulness* para profesores y administradores escolares, un programa que se ha aplicado en Denver, CO; Boulder, CO; Ann Arbor, MI; Berkeley, CA; Portland, OR, y Vancouver, BC. También lleva veinticinco años facilitando grupos de apoyo a pacientes de cáncer y sus familiares en la Cancer Support Comunity, y actualmente es profesora del Centro para la Investigación y la Educación en la Compasión y el Altruismo de la Universidad de Stanford, donde participó en la elaboración del programa *Compassion Cultivation Training*.

Gonzalo Brito Pons es psicólogo clínico y ha trabajado con diversas poblaciones de Chile, Perú y España, integrando sistemas psicológicos occidentales y prácticas contemplativas. Es instructor del Programa de entrenamiento en el cultivo de la compasión (CCT) y ejerce como supervisor de los profesores de habla española que estudian en el Centro para la Investigación y la Educación en la Compasión y el Altruismo de la Universidad de Stanford. Se doctoró con un estudio experimental sobre los efectos individuales y relacionales del entrenamiento en el cultivo de la compasión y el programa de reducción del estrés basado en *mindfulness*. Actualmente reside en España y combina el trabajo terapéutico con programas basados en la compasión y en *mindfulness*, además de colaborar de forma regular con diversas organizaciones educativas y sanitarias en diversos países. En 2014 fue coautor del libro *Presencia plena: reflexiones y prácticas para cultivar mindfulness en la vida diaria*.

John Kabat-Zinn, autor del prólogo, es mundialmente conocido por su trabajo como investigador, escritor y maestro de la meditación que se dedica a integrar *mindfulness* en la medicina tradicional y la sociedad. Es profesor emérito de la Facultad de Medicina de la Universidad de Massachusetts y autor de numerosos libros, entre ellos, *Vivir con plenitud la crisis, Llamando a tu propia puerta* y *La práctica de la atención plena*.

Índice